조선, 지극히 아름다운 나라

Wie ich Korea erlebte

Andre Eckardt

Frankfurt/Main : Lutzeyer, 1950

조선, 지극히 아름다운 나라

독일인 옥낙안이 본 근대 조선인의 삶

'그들이 본 우리' — 상호 교류와 소통을 위한 실측 작업

우리는 개화기 이후 일방적으로 서구문화를 수용해왔습니다. 지금 세계는 문화의 일방적 흐름이 극복되고 다문화주의가 자리 잡는 등 세계화라는 다른 물결 속에 있습니다. 이제 우리가 주체적으로 우리의 문화를 타자에게 소개함에 있어 진정한 의미에서의 상호 소통을 통한 상호 이해가 필요함은 주지의 사실입니다. 그리고 타자와 소통하기 위한 첫걸음은 그들의 시선에 비친 자신의 모습에 대한 진지한 탐색입니다. 번역은 바로 상호 교류를 통해 자신의 정체성을 확보하기 위한 작업이며, 이는 당대의 문화공동체, 국가공동체 경영을 위해 중요한 과제 중의 하나입니다. 우리가 타자에게 한 걸음 다가가기 위해서는 타자와 우리의 거리를 정확히 인식하여 우리의 보폭을 조절해야 합니다. 그런 의미에서 서구가 바라보았던 우리 근대의 모습을 '번역'을 통해 되새기는 것은 서로의 거리감을 확인하면서 동시에 서로에게 다가가기 위한 과정입니다.

한국문학번역원이 발간해 온 〈그들이 본 우리〉 총서는 바로 교류와 소통의 집을 짓기 위한 실측 작업입니다. 이 총서에는 서양인이 우리를 인식하고 표현하기 시작한 16세기부터 20세기 중엽까지의 우리의 모습이 그들의 '렌즈'에 포착되어 기록되어 있습니다. 그들이 묘사한 우리의 모습을 지금 다시 읽는다는 것에는 이중의 의미가 있습니다. 우선 우리는 그들이 묘사한 우리의 근대화 과정을 통해 과거의 우리를 확인할 수 있습니다. 하지만 이 작업은 다른 면에서 지금의 우리가 과거의 우리를 바라보는 깨어 있는 시선에 대한 요청이기도 합니다. 지금의 우리와 지난 우리의 거리를 간파할 때, 우리가 서 있는 현재의 입지에 대한 자각이 생긴다고 할 수 있습니다. 이런 의미에서 이 총서는 시간상으로 과거와 현재, 공간상으로 이곳과 그곳의 자리를 이어주는 매개물입니다.

이 총서를 통해 소개되는 도서는 명지대-LG연암문고가 수집한 만여 점의 고서 및 문서, 사진 등에서 엄선되었습니다. 한국문학번역원은 2005년 전문가들로 도서선정위원회를 구성하고 많은 논의를 거쳐 상호 이해에 기여할 서양 고서들을 선별하였으며, 이제 소중한 자료들이 번역을 통해 일반인들에게 다가감으로써 우리의 문화와 학문의 지평을 넓혀줄 것으로 기대합니다. 한국문학번역원은 이 총서의 발간을 통해 정체성 확립과 세계화 구축을 동시에 이루고자 합니다. 우리 문학을 알리고 전파하는 일을 핵심으로 하는 한국문학번역원은 이제 외부의 시선을 포용함으로써 상호 이해와 소통이 현실적으로 가능하도록 더욱 노력하겠습니다.

끝으로 이 총서가 세상에 나오게 힘써주신 여러분들께 감사드립니다. 특히 명지학원 유영구 이사장님과 명지대-LG연암문고 관계자들, 도서 선정에 참여하신 명지대 정성화 교수님을 비롯한 여러 선생님들, 번역자 여러분들, 그리고 출판을 맡은 살림출판사에 감사드립니다.

2009년 5월
한국문학번역원장 김주연

　나의 조선 체험의 일부를 책으로 펴내겠다고 벌써 오래전에 마음먹고도 학술 논문을 쓰느라 실행에 옮기지 못했다. 지금 이 나라는 전쟁으로 인해 세계의 주목을 받고 있다. 그곳의 정치 상황은 일간지를 통해 보도되고 있으므로, 나는 조선이라는 나라와 조선인 그리고 그들의 사고와 행동에 대해 간략하게 알리는 것이 독자에게 더 많은 보탬이 되리라고 생각한다.

　250년 동안 바깥 세계에 문을 닫고 살아온 결과 조선은 오늘날까지 고유의 특성을 많이 간직하고 있다. 1900년경부터 서구 정신이 밀려들어오면서 조선은 최근 수십 년에 걸쳐 항공 노선과 자동차 도로, 그리고 산악국가인 이 나라를 사방으로 가로지르는 철도망을 갖춘 근대 국가로 탈바꿈했다.

동아시아를 떠나온 지 많은 시간이 흘렀지만, 오랜 세월 내가 조선에 체류하면서 여러 곳을 둘러보았던 일들이 마치 방금 독일에 도착한 듯이 아직도 눈앞에 생생하다. 지금 전쟁터가 되어 있는 고장들을 나는 모두 직접 보고 겪어서 알고 있다. 경치가 뛰어나고 미술사적으로 중요한 고장들도 많이 가보았다. 그곳의 많은 문화 유적들이 파괴될지도 모른다는 두려움 때문에 나는 그 유적들에 대해서도 글로 적어야겠다는 결심을 했다.

그러나 역동적인 서구와는 반대로 조용한 성격을 가진 조선 사람들의 뛰어난 민족성은 파괴될 수 없다. 물론 조용했던 이 나라에 전기와 자동차와 라디오가 오래전 거세게 밀어닥치면서 이 민족도 평온한 삶에서 벗어났지만, 수천 년 지속된 전통은 오늘날에도 여전히 살아남아 우리처럼 바쁘고 성급하게 살아가는 사람에게도 많은 것을 생각하게 한다.

한글은 낱말의 발음이 반드시 문자와 일치하지는 않으므로 한글을 읽으려면 별도의 지식과 연습이 필요하다. 나는 한글의 로마자 표기를 가능하면 독일어 발음에 맞추려고 노력했다. 일례로 o와 u는 독일어의 'Organ'과 'Urteil'을 발음할 때처럼 개구(開口)모음이다.

이 책의 겉표지와 표제지에 적힌 글자는 현재도 동아시아에서

이 나라의 국명으로 쓰이는 '조선(Tschosŏn=깨끗한 아침)'을 한자로 표기한 것이다. 배경에는 표음문자인 한글을 음절 단위로 적은 다음의 글이 적혀 있다. "오랫동안 조선에 머물러 있었는데, 어떻게 그 나라를 보고 사랑하였는지를 말하겠노라(Lange verweilte ich in Tschosŏn und wie ich das Land gesehen und geliebt habe, werde ich hier erzählen)."

1950년 여름, 슈타른베르크 호수에서

안드레 에카르트 박사

차례

제 1 장
남국의 바다를 항해하다

    많은 세월이 흘렀다. 그런데도 조선으로 갈 때의 인상이 너무나 생생하여 아직도 그때의 풍경과 사람들이 눈앞에 선명히 그려진다.

    제노바에서 인도양을 거쳐 지금 정치적 사건으로 우리에게 가까이 와 있는 극동으로 가는 길은 둘도 없는 멋진 항해였다.

    제노바만이 바라보이는 빼어난 경관의 광대한 캄포 산토(공동묘지)를 찾아갔을 때 나는 불과 사흘 전에 뮌헨의 맥줏집에서 친구들과 이별 파티를 했다는 것도 잊어버렸다. 남국의 하늘이 미소 지었고 대기의 푸른 빛깔은 멀리서 청록색의 리구리아 해로 스며들었다. 베네치아와 트리에스테를 끼고 있는 아드리아 해는 김나지움을 졸업한 뒤 가보았으니, 이제는 독일 증기선이 티레니아 해를 거쳐 나를 남쪽으로 데려다 줄 것이다.

길이가 120미터, 높이가 6층이나 되는 대형 증기선에 올라타는 느낌은 묘했다. 그러나 선장과 승무원들한테 '집안 식구'처럼 친절하게 대접받은 우리 승객들은 해상 호텔에서 집에 있는 듯한 편안함을 느꼈다. 나는 기선의 시설에 흥미가 생겨 배의 꼭대기부터 아래까지 샅샅이 둘러보며 다녔지만, 함께 여행하던 대부분의 승객들은 갑판의 접의자에서 쉬면서 일광욕을 즐기는 것을 더 좋아했다. 개인적인 요구가 있으면 교육을 잘 받은 승무원들이 해결해 주었다. 여행객들은 반복되는 식사로 한껏 호강을 했지만 부작용도 없지 않았다. 제노바에서 서울의 관문 제물포 항으로 가는 42일 간의 항해 동안 내 몸무게는 10킬로그램이 늘었다. 22.5킬로그램이 늘어난 승객도 있었다!

갑판에서 산책과 수영을 하거나 체육관에서 체조와 승마를 하면 기분전환과 운동에 도움이 되었다. 승마를 했다고? 그렇다. 당시 나는 배에서 체조 담당 승무원으로 진급한 한 기병대위의 지도로 몇 주에 걸쳐 정식 승마 코스를 이수했다. 물론 전기로 작동하는 말안장에서 배웠다. 나중에 조선과 만주에서 말을 타고 2만 킬로미터가 넘는 거리를 누빌 수 있었으니 상당한 도움이 된 셈이다.

위도 상으로 로마 부근에 도착하자 벌써 많은 여행객들에게서 뱃멀미의 기색이 역력히 나타났다. 그들은 얼굴이 점점 창백해지더니 누워 있던 접의자에서 벌떡 일어나 갑판 난간으로 달려간 뒤 안간힘을 다해 용총줄을 잡고 해신에게 제물을 바쳤다. 식사 자리에서도 손님의 수가 줄었다. 그러나 사실 티레니아 해의 물결은 전혀 높지 않았다. 나는 멀미를 하기는커녕 장시간의 여행을 마음껏 즐겼다.

나폴리에 도착한 것은 하나의 사건이었다. 젊은 날부터 품어 왔던 나의 오랜 꿈이 이루어지려는 순간이었다. "나폴리를 보고 죽어라(veder Napoli e poi morire)."라는 속담에 나는 동의하지 않는다. 아니, 그 반대다. 이 도시의 빼어난 지세, 연기가 피어오르는 베수비오 산의 광경, 등산열차를 타고 보메로 언덕과 포실리포 언덕을 올라가는 멋진 유람, 화려한 상감 세공품과 웅장한 그림들이 있는 박물관과 교회 방문, 시장터의 다채로운 삶, 그리고 폼페이 관광—이 모든 것들과 특히 이탈리아 술집에서 마시는 낙원의 포도주는 내 몸의 모든 활력을 일깨우면서 나폴리를 다시 보아야겠다는 소망을 또 한 번 불러 일으켰다! 실제로 나는 제2차 세계대전 직전에 나폴리에 가서 그곳의 밝은 면과 그늘진 곳을 볼 기회가 여러 번 있었다.

저녁에 우리는 배에서 나폴리 선원들과 잠수부들이 펼치는 화려한 볼거리를 처음으로 구경했다. 제등과 횃불을 들고 기타에 맞춰 노래 부르는 사람들이 우리 옆을 쉴 새 없이 지나갔고, 작은 보트에 타고 있던 아이들은 콸콸 소리가 나는 물에 뛰어 들어가 미리 던져 놓았던 동전을 찾았다. "아름다운 나폴리", "산타 루치아", "나폴리의 노래" 같은 명곡과 유행곡들이 자정까지 울려 퍼졌다. 훗날 일본에서 벚꽃이 필 무렵 민족 축제인 벚꽃놀이에 갈 때면 나는 이때 나폴리 만에서 보았던 낭만적이고 자유롭고 매혹적인 광경을 추억했다.

스킬라와 카리브디스¹가 산다는 레지오와 메시나는 나에게 베르길리우스와 단테를 생각나게 했다. 아주 오래전부터 이 위험한 해역을 통과하는 일이 두려움을 자아낸 것도 이해할 만했다. 메시나 해협은 폭이 3킬로미터에 불과하고 남쪽의 수심은 1000미터,

---

1 호메로스의 『오디세이아』에서 오디세우스의 항로를 방해한 괴물들. 스킬라는 원래 아름다운 요정이었으나 마술에 걸려 흉물로 변한 뒤 바다의 큰 동물을 비롯하여 무엇이든 닥치는 대로 먹어치웠다. 카리브디스는 해신 포세이돈과 대지의 여신 가이아의 딸이었으나 제우스의 번개에 맞아 바다에 떨어져 괴물이 되었고 바다를 하루에 세 번 삼키고 세 번 뱉는다고 묘사되어 있다. 메시나 해협이 물살이 거센 뱃길이었기 때문에 고대인들은 이곳에 두 괴물이 산다고 생각했다(이하 역주).

북쪽의 수심은 125미터이다. 해협 양쪽에 있는 바다는 만조 시각이 각기 다르다. 만조 때는 조수가 북쪽으로 흘러들고 간조 때는 남쪽으로 흐른다. 이렇게 되면 역류가 눈에 띄게 거세지면서 옛사람들이 그토록 두려워했던 소용돌이를 일으킨다. 그러나 우리가 탄 배는 그 소용돌이에 살짝 솟았다가 '벨리 댄스'만 추고 무사히 통과했다.

에트나 산이 파란 하늘을 향해 장엄하게 솟아 있었다. 나는 산을 향해 "또 만나요."라고 말하며 인사를 보냈다. 실제로 나는 훗날 타오르미나, 시라쿠사, 기르겐티, 팔레르모가 있는 멋진 해적의 섬 시칠리아를 방문하고 반해버렸다.

배가 크레타 섬에 가까워지자 식탁 옆자리에 앉았던 부인이 말했다. "이제 곧 우리를 떠나시겠네요!" 그녀는 아직 한참 떨어져 있는 나의 목적지 코레아를 크레타와 혼동한 것이다.

조선에서 다년간의 고고학과 미술사 연구를 끝낸 지금 크레타를 생각할 때면 여러 가지 추측을 하게 된다. 도기와 청동기에 그려진 똑같은 모양의 독특한 모티브와 문양과 형태들은 선사시대부터 오랫동안 동서 교류가 있었을 것이라는 단서를 제공한다. 물론 크레타와 미케네 문명은 동아시아 문명보다 역사가 오래되었고, 동아시아 문명은 훗날의 스키타이 문화로부터 영향을 받고 발전해 왔음을 분명히 확인할 수 있다. 기원전 2000년경에 진행된 대대적인 민족 대이동에 따른 이 문명 간의 유사성은 조선의 선사시대에서 흥미로운 한 장을 차지한다. 조선인의 일부는 옛날 중앙아시아에서 동쪽으로 이동하여 조선반도 북쪽에 자리 잡은 아리안-인도게르만족의 한 분파이지 않은가. 이는 내가 학업과 연구를 수행하며 분명하게 확인한 사실이다.

배가 수에즈 운하의 포트사이드 항에 정박했을 때 나는 그 기회를 이용하여 이슬람교 사원과 이집트 시장을 방문하고 여러 민족들로 붐비는 다채로운 색깔의 향연과 사람들의 생활상을 구경했다. 적도의 열기가 이집트인과 아랍인들의 전체적인 행동방식에 강력한 영향을 준 것은 틀림없지만, 나는 수천 년의 역사가 지금도 이곳에서 숨을 쉬고 있는 것처럼 생각되었다. 특히 예정에 없이 잠깐 들른 카이로와 피라미드 관광은 무척 인상적이었다. 카이로에서 나를 사로잡은 것은 풍부한 소장품을 자랑하는 박물관이었다. 나중에 조선에서 지낼 때, 특히 북쪽의 평양과 해주에서 고분 발굴과 복원 작업이 진행되는 동안 어두운 지하 묘실에서 고대 이집트에서 유래한 듯한 기둥 모티브와 선의 장식을 발견했을 때 나는 자주 카이로를 회상하고는 했다. 잘 알려져 있듯이 이집트에서는 연꽃이 동아시아와 마찬가지로 장식 문양과 상징적인 모티브

로 자주 이용되었다. 2602미터 높이의 시나이 산 옆을 지나갈 때
는 나도 모르게 모세의 십계명이 생각났다. 민족의 법과 규범을 석
판에 새기는 관습은 훗날 동아시아에서도 자주 볼 수 있어서 함
무라비, 아소카, 중국의 여러 황제들이 이 관습을 따랐다.

홍해를 지날 때는 바닷물이 여러 날 동안 말 그대로 거울처럼
잔잔했고 해돋이와 해넘이가 되면 말할 수 없이 아름다운 색조로
빛났다. 화가와 미학가들은(예술가들?) 물론이고 자연을 사랑하는
사람이라면 누구나 황홀하게 여길 광경이었다. 이 자연의 장관을
아무리 보아도 싫증내는 법 없이 열심히 감상하는 여행객들의 모
습은 자연이 인간이나 민족의 운명보다 강하다는 사실을 증명했
다. 그 오묘하고 분위기 있는 색조를 만들어낼 수 있는 것은 끝없
이 이어지는 아라비아 사막과 모래벌판뿐이었다.

위도 상으로 메카에 이르렀을 때 우리 배에 타고 있던 일부 이
슬람교 신자들이 바닥에 엎드려 동쪽을 바라보고 위대한 예언자
에게 경배하는 모습이 보였다. 희한하게도 거의 모든 종교는 두 개
나 그 이상의 분파로 갈라졌다. 이슬람교는 시아파와 수니파로 갈
라져서 서로 철저히 적대시하고 있고, 인도에는 브라만교와 자이
나교가 있으며, 불교는 소승불교(히나야나)와 대승불교(마하야나)로
갈라졌다! 우리 인간은 신이라는 개념과 인간의 운명을 완전히 깨

닫고 규명하는 것이 불가능하다.

거의 모든 승객들이 홍해에서 수영을 하고 정말로 붉은 발진이 생겼다는 것도 아울러 말해둔다. 유감스럽게도 승객 한 명이 적도의 밤을 춤으로 지새고 나서 갑작스럽게 사망했다. 그는 사망한 지 몇 시간 만에 판자에 묶여 바다에 수장되었다. 우리가 탄 배는 수심이 얕고 비가 오지 않는 아덴 항 외곽에서 닻을 내리고 화물 일부를 부린 다음 인도양과 아라비아 해를 계속 항해했다. 일주일 내내 바다와 하늘만 보였다. 이어 우리는 봄베이[2]로 향했다. 화려한 근대식 건축물, 열주로 장식된 대형 시청사, 남아시아의 건축 유적 일부가 있는 곳이다. '검은 도시'와 시장을 걸어다니며 나는 인도인의 인상적인 삶과 풍물을 접했다. 특히 사리(또는 사롱)라고 부르는, 힌두교 귀족 여성들의 호화로운 의상이 시선을 끌었다. 아무 욕심 없는 서민들의 빈곤과 너무나 대조적이었다.

봄베이보다는 실론[3]이 풍광이나 민족학적인 면에서도 훨씬 인

---

2 인도 서해안에 있는 항구도시. 1869년 수에즈 운하의 개통과 함께 유럽에서 최단 거리로 인도에 들어가는 관문이 되었다. 1995년 11월에 뭄바이(Mumbai)로 개칭하였다.
3 인도양 남쪽의 섬나라로 현재는 스리랑카로 부른다. 18세기 말부터 영국 식민지로 지내다 1948년에 영국연방 자치령으로 독립하였고 1972년에는 국명을 실론에서 스리랑카공화국으로 바꾸고 영국연방에서 완전 독립하였다. 1978년에 스리랑카 민주사회주의공화국으로 국명을 바꾸었다.

상적이었다. 콜롬보의 붉은 땅에 첫 발을 내딛자마자 우리는 인도와는 전혀 다른 고대 문명국가의 한복판으로 들어갔다. 봄베이에는 여전히 식민국의 백인들이 많았지만 이곳 콜롬보에는 싱갈리족, 힌두족, 타밀족, 말레이족, 흑인, 혼혈족이 두루두루 섞여 있었다. 웅장한 가톨릭 교회와 이슬람교 사원, 불교 사찰, 브라만교 신전을 방문하면서 나는 인간의 신앙과 희망이 만든 미로를 새롭게 바라보는 동시에 인간의 이상적 세계관을 둘러싸고 계속된 정신적 투쟁의 모습도 인식했다.

민족학적 소장품이 전시된 박물관이 내게는 특히 흥미로웠다. 여기에서도 나는 여러 민족들이 아주 오랜 원시시대부터 활발하게 교류하고 먼 거리를 이동했으리라는 내 기존의 추측이 맞았음을 확인했다. 그렇지 않았다면 석기시대에 만들어진 동일한 모양의 화살촉이 어떻게 이곳 실론에서부터 수마트라, 보르네오, 필리핀, 포르모사[4] 그리고 조선에 이르기까지 곳곳에서 발견되겠는가?

기차를 타고 낙원처럼 아름다운 공원의 도시 포인트 드 골에 갈 때는 함께 타고 가던 싱갈리족 순례자가 2250미터 높이의 아

---

4 타이완. 16세기에 포르투갈 선원들이 타이완 섬을 발견하고 '아름다운 섬'이라는 뜻의 '포르모사(Formosa)'라는 이름을 붙인 후로 서구에서 이 이름으로 불렸다.

담스 피크에 올랐던 이야기를 들려주었다. 아담스 피크는 콜롬보에서 남쪽으로 약 65킬로미터 떨어진 곳에 있는 산이다. 산 정상에는 작은 불교 사당이 개방되어 있고 그곳에는 스리파다, 즉 '성스러운 부처의 발자국'이 찍힌 바위가 있다. 바위는 금과 귀금속과 보석으로 둘러치고 덮개로 덮어놓았다. 전설에 따르면 고타마 부처가 '열반'할 때 이곳에 자신의 발자국을 남겼다고 한다. 그러나 아담스 피크는 힌두교와 이슬람교 신자들도 성스러운 산으로 여긴다. 힌두교 신자들은 비슈누가 인간의 몸으로 변한 것이 부처라고 보기 때문이고, 이슬람교 신자들은 낙원에서 추방당한 아담이 이곳에서 한쪽 발로 서서 울었다고 생각하여 그 발자국이 아담의 것이라고 믿기 때문이다.

유창하게 영어를 구사하던 순례자는 내게 그 발자국의 탁본을 보여주었다. 이것을 언급하는 이유는, 훗날 나도 조선의 선도사라는 절에서 이 발자국의 사본을 얻었기 때문이다. 그 절에는 발자국이 찍힌 목판이 소장되어 있었다. 현재 나는 이 사본을 나의 조선 관련 전시관에 소장품으로 보관하고 있다.

동남아시아의 말레이 반도 앞에 위치한 피낭 섬으로 가는 뱃길은 선상 생활과 망망대해의 단조로움에도 불구하고 풍성한 볼거리를 제공했다. 바다 위로 날아오르는 물고기들, 바다의 불빛 —특히 저녁이면 빛을 발하는 해초와 바다 동물들로 번쩍거렸다- 그리고 비할 데 없이 아름다운 일몰은 자꾸만 갑판으로 달려가 자연의 장관을 만끽하게 만들었다.

적도 부근에 있는 사자의 도시 싱가포르[5]에 이르렀을 때 우리는 벌써 중국에 가까이 왔다는 느낌을 받았다. 요란한 간판이 걸린 중국 상점들, 유럽식 관청, 인도식 주택가가 번갈아 나타났다. 소형 마차가 우리를 식물원과 시립 박물관으로 데리고 갔다. 다양한 형태와 색깔이 어우러진 열대 세계가 펼쳐졌다. 우리는 5-6미터 높이의 고사리나무 밑에서 휴식을 취하며 싱싱한 바나나와 파인애플로 원기를 북돋우었다. 여기서 '우리'란 그동안 나와 친해진 후 함께 관광 이야기를 나누고 계획을 짰던 일부 여행객들을 말한다.

적도제[6], 야간 선상 축제, 승무원들이 장거리 항해를 유쾌한 여행으로 만들려고 노력하며 실제로 보여주었던 여러 깜짝쇼 등은

---

5 '싱가포르'는 산스크리트어에서 사자를 뜻하는 'Singha'와 도시를 뜻하는 'Pura'로 이루어진 이름이다.

6 적도제(赤道祭) : 배가 적도를 지날 때 무사 항해를 기원하며 지내는 제사. 선원이나 승객 중에 적도를 처음 통과하는 사람이 있으면 해신으로 분장한 선장이 그에게 물을 뿌리고, 바다나 날씨와 관련된 별명을 지어주고, 적도 통과증을 수여한다. 대발견 시대에 포르투갈 선원들이 적도 통과시 담력을 시험하고 믿음을 굳건히 하기 위해 치렀던 제사에서 유래했다. 요즈음에는 주로 오락거리와 행사용으로만 볼 수 있다.

이미 많은 여행기에 묘사되어 있어서 대부분의 독자도 알고 있을 테니 언급을 생략하겠다. 갖가지 다양한 행사가 펼쳐졌지만 우리는 땅을 밟고 싶었고 목적지에 도착하기만을 고대했다.

방콕은 우리에게 흥미진진한 새로운 볼거리를 제공했다. 태국인의 건축미술과 의복과 일상, 우아한 글자체, 불교적 색채가 두드러진 사고방식을 갖고 있으면서도 유럽의 건축 양식을 수용하고 복장과 음식에서도 유럽풍이 묻어나는 이들의 생활상이 큰 흥미를 끌었다. 춤과 그림자 연극이 공연된 태국 극장 관람을 나는 영원히 잊지 못할 것이다.

배는 크게 아치를 그리며 남중국해로 방향을 틀었다. 영국의 직할 식민지 홍콩이 우리의 다음 목적지였다. 빼어난 위치에 자리잡은 장중한 항구도시! 유럽식 관공서와 대형 상점들이 구릉 위에 계단식으로 솟아 있었고, 광고 현수막과 깃발이 죽 내걸린 좁다란 중국식 거리로는 각국에서 온 보행자들 사이로 인력거와 소형 우마차가 몰려들었다. 고성과 소음은 우리가 벌써 중국에 와 있다는 사실을 알려주었다. 세계적으로 유명한 식물원이 특히 우리를 매료시켰다. 우리는 멋진 전망을 자랑하는 560미터 높이의 빅토리아 피크에 올라가 도심과 홍콩만과 여러 섬과 빽빽이 늘어선 배들을 내려다보며 오후의 자유 일정을 소화했다.

나는 대부분의 승객들과 함께 하선했다. 아니, 중간에 필리핀을 방문하려고 조선행을 잠시 중단했다는 말이 맞다. 독특한 마닐라 박물관에 소장되어 있던 선사시대 유물이 필리핀의 원시 부족과 조선 남쪽 사람들과의 관련성을 암시했다는 것만 언급해 두겠다.

홍콩으로 돌아와서는 독일의 자매선 빌로 호를 타고 여행을 계속했다. 화창한 햇빛을 받으며 빌로 호가 닻을 올릴 때만 해도 우리는 무사히 상하이에 도착하리라고 믿었지만, 포르모사를 코앞에 두고 갑자기 하늘이 유황색 구름으로 뒤덮이면서 폭풍우가 다가올 것임을 예고했다. 선원과 승무원 너나 할 것 없이 모두 나서서 접의자를 안전한 곳에 대피시키고 고정되지 않은 물건들을 모조리 치웠다. 태풍이 몰려오고 있었다. 비바람이 몰아쳐 뱃전이 삐걱거리며 흔들리고 창문이 덜거덕거릴 때야 비로소 나는 사태를 파악했다. 게다가 아직 이른 오후 시간인데도 하늘이 칠흑처럼 어두워지자 경보음까지 울렸다. 어둠 속에서 다른 배를 식별하지 못해 충돌할 위험마저 있었다. 9500톤 중량의 우리 증기선은 앞뒤로 흔들리며 뒷질을 하고 선회했다. 앞으로 나아갈 엄두는 전혀 내지 못했다. 우리는 더 큰 불행이 닥치지 않은 것만으로도 안도해야 했다.

'타이푼'은 한자어가 변형된 말로 '큰 바람', 즉 '폭풍'을 뜻한다.

정말 대단한 폭풍이었다! 다행히 우리는 큰 피해를 입지 않았지만 당시 대륙과 필리핀에서는 온 마을이 파괴되었다.

미국식과 서구식 대형 건물이 늘어선 상하이 우쑹강변의 부둣길은 우리가 지금 중국에 있다는 실감을 별로 주지 못했다. 오직 몽골인의 얼굴형, 청색과 검은색 복장, 특히 야릇하게 콧소리 나는 토착민들의 말투, 그들의 시끄럽고 어수선한 행동, 인력거를 타라든지 시내 관광에 안내를 맡겠다고 집요하게 나서는 행동만이 우리가 '중심의 나라(중국)'에 있다는 것을 알려줄 뿐이었다.

우쑹강에 정박한 우리 배가 태풍으로 추진기가 망가진 탓에 우리의 상하이 체류는 며칠 더 연장되었다. 나는 쉬자후이의 예수회 신부들이 건립한 세계적으로 유명한 천문대와 태풍기상대를 가보았고, 상하이 인근의 친하이 독일 대학을 방문했으며, 여러 병원을 설립하고 운영하는 상하이 카리타스협회 선교사 로파 홍을 방문했다. 그런 다음 나는 이곳의 내륙으로 더 들어가 보기로 마음먹었다. 얼마 가지 않아 양쯔강이 나타나면서 깎아지른 협곡과 하류로 흘러드는 운하가 보였고, 논에 물을 대는 수차의 거대한 바퀴, 여기저기 세워진 불탑, 중국의 주택 양식과 절과 성문 등, 이 나라의 다양한 모습과 문화가 자태를 드러냈다.

이 나라 사람들은 서구식 교육을 받지 않은 한 우리가 자주 쓰는 차이나라는 말을 알지 못한다. '차이나'는 인도와 페르시아와 소아시아까지 세력을 뻗쳤던 진나라(기원전 220-209)에서 유래한 말이다. 중국인들에게 중국은 세상의 중심이며 '중심에 선 화려한 제국'이고, 주변의 다른 나라 사람들은 ─고대 그리스인들이 그랬듯이─ 야만인이다. 그럼에도 중국이 인도, 바빌로니아, 페르시아는 물론이고 박트리아족, 스키타이족, 히브리족, 훈족으로부터 많은 세계관과 제도를 받아들였다는 점을 잠깐 언급해 둔다.

표의문자(表意文字)이며 상형문자인 한자가 상하이 거리의 건물마다 온갖 멋을 내며 붙어 있었고 밤이면 눈부신 네온사인을 통해 지붕에서 빛을 냈다. 책과 신문을 통해서도 한자를 접했다. 한자는 내게 많은 것을 생각하게 했다. 중국과 조선과 일본과 베트남에서는 5억이 넘는 사람들이 중국어를 몰라도 한자로 의사소통이 가능하다. 민족을 하나로 묶고 중국 문화와 세계관을 통합한 것이 한자가 아니었을까? 실제로 한자에는 매혹적인 면이 있어서 그 매력에 빠져들면 다시는 헤어나기 힘들다. 이런 점에서 유럽은 불리한 입장에 있다. 각각의 표음문자가 추상적이고 나라마다 다르기 때문이다. 문자는 맵시 있게 표기할 수 있을지 모르지만 그 하나하나에는 아무 의미도 없다. 많은 나라들이 로마자를 수용한 이유는 오직 로마제국의 강대함과 문화 때문이었고, 다른 한

편으로는 로마화된 나라들이 약소한 신흥국가였다는 점으로 설명될 수 있을 것이다. 그러나 로마자도 자국말을 완벽하게 대신하지는 못한다. 개개의 문자는 민족을 이어주기보다는 분리시킨다. 이 영향은 특히 교역에서 두드러지게 나타난다. 물론 3만여 개의 서로 다른 글자를 보유하고 있고 글자 하나에도 여러 다양한 의미가 담긴 중국의 한자는 너무 복잡하여 민족 전체의 공공재가 되기는 힘들다. 그 결과 오늘날 중국에는 다른 어떤 나라보다도 문맹이 많다. 그러나 중국에서도 국민의 요구에 부응하여 글자 수를 2000-3000개로 줄이거나 또 다른 고유의 글자체를 도입하려는 흐름이 감지되고 있다.

상하이의 백화점을 돌고 시장을 구경하다 보니 중국인의 노련한 상거래 행동이 눈에 들어왔다. 중국인들은 체질적으로 장사꾼이자 흥정꾼이다. 그들은 시간이 얼마나 걸리건 신경 쓰지 않으면서도 목적을 달성한다.

서구식 교육을 받았거나 영국 또는 프랑스 영사관에서 근무하는 중국인들과 나눈 대화는 나에게 중국 민족의 활력을 전해주었다. 그러나 내가 조선에 대해 자세한 정보를 요청하자 그들은 깊이 있는 대답을 하지 못했다. 조선은 1625년에서 1885년까지 그랬듯이 아직도 중국에게는 '폐쇄된 나라'였다.

제 2 장
'깨끗한 아침의 나라'를 향하여

　우리 배가 화물 일부를 칭다오까지 가지고 간 덕분에 기분 좋게
도 '동양의 진주'를 직접 눈으로 볼 수 있었다. 현재 칭다오는 그때와
는 전혀 다르게 변했다. 깔끔한 건물과 거리로 아름다웠던 이 도시
에 고비 사막의 황사와 같은 무관심이 내려앉았기 때문이다.

　칭다오를 떠난 우리 배는 가까이 있는 조선을 거치지 않고 일본
으로 향했다.

　시칠리아 섬을 뺀 이탈리아나 북아일랜드를 제외한 대영제국
만한 크기의 조선반도는 ―조선의 화가들이 그려놓은 모습 그대
로― 중국과 일본 사이에서 기어가는 벌레 모양을 하고 황해와 동

해[7]와 동중국해로 뻗어 나와 있어서 태평양의 돌출부를 이룬다.

지도를 들여다보니 한 가지 분명해지는 사실이 있었다. 첫째로 산둥 반도는 과거 지질시대에 조선의 수도 서울 북서쪽 황해에서 돌출한 반도와 이어져 있었다. 둘째로 조선 반도의 하단부에서 갈라지는 산맥은 중국 저장 성[浙江省] 산맥의 연장으로, 조선은 이 산맥과 암석층이 일치한다. 셋째로 캄차카 반도에서 시작하여 쿠릴 열도, 일본, 류큐 제도, 포르모사, 필리핀, 보르네오를 거쳐 말레이 제도까지 연달아 늘어선 섬들이 아시아 대륙의 바깥 경계선을 만든다. 이로써 오호츠크 해, 동해, 동중국해, 남중국해는 네 개의 내해(內海)로 볼 수 있다. 섬들이 서로 연결되어 있어서 남에서 북으로 또는 반대 방향으로 이동하기가 쉬웠고 이민족 간의 물질적, 문화적인 상호 교류도 충분히 가능했다. 황해는 평균 수심이 60미터에 불과하다. 따라서 조선 땅은 사람이 거주하기 수천 년 전인 아득한 옛날에 중국 대륙과 한 덩어리였을 것이다. 그러나 지금은 완전히 다른 두 민족으로 살아간다.

조선의 모든 문화가 중국에서 들어왔다는 견해가 지배적이지만 이 가설은 인정하기 힘들다. 이는 다년간의 내 연구와 학업의 결

---

7 독일어 원문에는 모두 일본해(Japanisches Meer)로 적혀 있다.

과를 통해서도 증명할 수 있다.

중국의 한자가 조선말 체계에 맞는 발음을 가지고 조선에 전해졌지만, 조선 조정은 한자가 자국의 말에는 임시수단에 불과하다고 느끼고 1446년에 표음문자를 창제했다. 이는 앞에서 언급했던 이야기, 즉 한자에 근본적인 장점이 있다는 사실과 논리적으로 충돌하지 않는다. 지금 내가 이야기하는 것은 말이기 때문이다. 유교의 윤리도 조선의 종교적, 정신적 지도자들에게 오랫동안 규범으로 작용했고 일부 유교적 의례들은 지금도 조선에서 지켜지고 있다. 그러나 중국과의 반복된 전쟁과 중국 문화에 대한 내적인 저항은 조선으로 하여금 독자적인 길을 걷도록 만들었다. 이는 당연히 조선을 자주국이자 자주 국민으로 인정할 수 있는 정당한 근거가 된다.

19xx년 12월 20일 아침, 갑판에 나온 나는 조선반도 남쪽의 섬 제주도에 있는 장엄한 한라산 봉우리를 바라보았다. 300여 년 전인 1654년에 네덜란드인 헨드릭 하멜은 제주도 해안에서 난파를 당하고 일행과 함께 붙잡혔다. 함께 고생한 동료들은 거의 모두 사망했지만 하멜은 16년간의 억류 생활 끝에 탈출에 성공했다. 유럽의 대부분 언어로 번역된 그의 표류기 덕분에 서구는 조선에 대한 최초의 정보를 얻을 수 있었다. 게다가 하멜은 운이 좋았다. 이

미 언급했듯이, 조선은 주변국가와 그 국민에게 문을 굳게 닫아걸고 조선 땅에 발을 들여놓는 외국인에게는 죽음의 형벌을 내리며 입국을 불허했기 때문이다.

250년 동안 지속된 이 쇄국이 조선에 득이 되었는지 해가 되었는지를 생각해본 나는, 조선이 자국의 관습과 문화는 다른 나라보다 더 오랫동안 원형 그대로 보존할 수 있었지만 경제나 문화 발전에서는 뒤처질 수밖에 없었다는 결론에 도달했다. 또 언제나 다른 나라 국민의 연구에서 풍성한 자극을 받는 학문도 이 쇄국 때문에 점차 위축되었다는 결론을 내렸다. 훗날 나의 조선 체류는 이런 내 생각을 분명하게 확인시켜 주었다.

전설로 가득한 한라산이 있는 제주도는 조선 땅에서 아주 기묘한 섬의 하나이다. 나는 지크프리트 겐테[8]가 열정으로 저술한 『조선 여행기』를 읽어보았다. 그래서 해발 1950미터 높이로 솟아 있는 휴화산 정상에서 남쪽에 펼쳐진 망망대해를 바라보고 동쪽의 일본과 북쪽의 조선 땅 앞에 자리 잡은 수많은 섬들을 바라보는

---

8 지크프리트 겐테(Siegfried Genthe) : 1870-1904. 조선을 여행한 독일 최초의 언론인이며 서양인으로는 처음으로 한라산을 등정했다. 「쾰른 신문(K?lnische Zeitung)」 기자로 20세기 초에 세계 각지에서 취재 활동을 했고, 1901년에 조선에 들어와 그해 10월부터 이듬해 11월까지 조선에 관한 르포를 「쾰른 신문」에 연재했다. 이 르포는 그가 죽은 뒤 1905년에 『조선 여행기(Korea. Reiseschilderungen)』라는 이름의 책으로 출간되었다.

느낌이 얼마나 장관이었을지 충분히 상상할 수 있었다. 한라산에 올라가 그 장엄한 광경을 보고 싶다는 내 소망은 그로부터 몇 년이 지난 뒤에야 이루어졌다. 그날 아침 눈으로 덮인 한라산 봉우리는 손에 잡힐 듯이 가까이 있었다. 우리 배가 멀어져갈수록 수평선 위에 더욱 당당히 솟아 있는 그 봉우리를 나는 몇 시간 동안이나 바라보았다.

우리 배는 다시 불안하게 뒷질을 하기 시작했다. 제주도를 둘러싼 바다는 언제나 물결이 험하여 염려스럽다. 황해, 동해, 중국해의 해류가 이곳에서 맞부딪치면서 거센 역류와 바람을 일으킨다. 옛날 칭기즈칸의 손자이며 몽골 황제였던 쿠빌라이 칸의 군선을 난파시키고 1274년과 1281년 두 번에 걸친 일본 정벌을 좌절시킨 그 풍랑 말이다. 당시 제주도도 군선 건조와 군마의 조달을 통해 강제로 일본 정벌에 참여해야 했다.

성탄절은 일본 남쪽의 큰 섬 규슈에 있는 멋진 항구도시 나가사키에서 보냈다. 무수히 많은 등으로 장식된 성당이 여러 작은 섬을 거느린 나가사키 항을 환하게 비추었다. 이곳은 1597년[9] 도요토미 히데요시 치하에서 3명의 조선인을 포함한 26명의 가톨릭

---

9 독일어 원문에는 1697년으로 잘못 적혀 있다.

신자들이 십자가형을 당한 곳이다. 이들이 바로 26명의 나가사키 성인[10]들이다. 나가사키와 인근 마을 주민 수천 명은 300년 이상이나 그리스도교 신앙을 비밀리에 지켜오다가 1868년에 공포된 종교의 자유 법령으로 자유롭게 신앙을 드러낸 후 현재는 일본에서 그리스도교 신앙의 기반을 이루고 있다. 그리스도교 박해와 관련한 더 많은 이야기는 그곳에서 사는 일본인들이 들려주었다.

규슈에는 지금도 조선 도예가의 후손들이 살고 있다. 조선의 도공들은 1592년에서 1597년까지 도요토미 히데요시가 일으킨 임진왜란 중에 인질 겸 도예 장인으로 일본에 끌려와 이곳에서 세계적으로 유명한 사쓰마, 히라토, 아리타 도예촌을 건립했다. 그러나 사쓰마 도예촌을 방문한 나는 실망하고 말았다. 옛날의 조선인들이 언어와 복장에서 일본인으로 변해버렸기 때문이다. 단지 얼굴과 큰 몸집과 위엄 있는 행동거지를 보고 그들이 한때 조선인이었다는 것을 알 수 있었다.

조선으로 건너올 때 나는 시모노세키와 부산을 왕래하는 야간 연락선과 나가사키와 제물포를 연결하는 연안 여객선 중에 하나

---

10 독일어 원문에는 복자(Selige)라고 적혀 있다. 그러나 26명의 나가사키 순교자들은 1862년에 교황 비오 9세에 의해 시성되었으므로 성인으로 칭해야 하며, 원문에 나온 복자라는 표현은 저자의 착각이나 오류인 것으로 보인다.

를 골라야 했다. 나는 뒤엣것을 택했다. 그렇게 하면 조선 서해안의 많은 섬을 볼 수 있고, 옛날 조선 왕들이 즐겨 표현했듯이 '일만 개 섬들'의 나라를 여유 있게 관찰하며 아름다운 풍경을 감상할 수 있기 때문이었다.

450톤 중량의 일본 연안 여객선은 뮐로 호에 비하면 조각배였다. 키가 작고 지극히 예의 바른 선장이 싹싹하게 몸을 굽혀 절을 했다. 그는 다소 불편한 우리의 선상 생활을 편안하게 해주려고 최선을 다했다. 나는 여행을 떠나오기 전 수개월 동안 뮌헨 대학에서 일본어를 배웠지만 아쉽게도 그와 의사소통을 하기가 어려웠다. 동아시아 말을 배우려면 다년간의 착실한 공부가 필요하다. 선장은 서투른 영어밖에 할 줄 몰랐고 매번 l과 r을 혼동하며 light를 right로 발음했다. 그 바람에 가끔씩 여러 가지를 혼동하는 재미난 일이 벌어졌다.

이 일본인과의 만남으로 나는 동아시아 3개국 말의 커다란 차이를 알게 되었다. 단음절의 중국어에는 성조(聲調)가 있고 일본어는 음절이 짧지만 모음이 풍부하다. 그리고 나와 함께 배를 타고 가던 '깨끗한 아침의 나라' 조선의 기능공과 상인들로부터 처음 들은 조선말은 많은 개구 모음과 강렬한 발음의 마찰음과 후두음으로 인해 아주 미묘한 느낌을 자아낸다.

내가 조선을 '깨끗한 아침의 나라'라고 표현한 데에는 특별한 이유가 있다. 조선은 수천 년 역사를 거치며 –신화 속의 조선 건국은 기원전 2333년이고 반(半)역사적 사료에 따른 건국 연대는 기원전 1122년이다" – 거듭해서 이름을 바꾸었다. 최초의 국명은 '조선'이었고 10세기부터는 '고려'라고 불렸다. 조선은 이 이름으로 서구에 알려졌고 로마자로는 'Coria'로 표기되었다. 1392년부터 국명은 다시 '조선'이 되었고 지금도 이 나라 사람들은 여전히 이 이름으로 부르고 있다.

'조선'과 '고려'라는 두 이름은 모두 순수한 조선말일 수 있다. 그럴 경우 '고려'는 '선택된 나라'라는 뜻이고, '조선'은 '아름다운 나라'라는 의미이다. 그러나 두 이름은 한자로도 표기가 가능하다. 그러면 '고려'는 '지극히 아름다운 나라'를 뜻하고 '조선'은 '깨끗한 아침의 나라'가 된다. 여행작가들이 조선이라는 말을 '조용한 아침의 나라'로 번역하는데, 이것은 언어와 한자 지식의 부족에서 나온 결과이다.

나는 잔뜩 기대에 부풀어 '지극히 아름다운 나라'에 가까이 다

---

11 기원전 2333년은 고조선의 건국 연대이고, 기원전 1122년은 중국 은나라가 주나라에게 멸망한 뒤 은나라 사람 기자가 조선으로 와 나라를 세웠다는 기자조선의 건국 연대를 말한다.

가가고 있었다.

우리 배는 거친 물결을 헤치고 이번에는 북쪽 해안을 따라 다시 한 번 제주도를 지나갔다. 드문드문 늘어선 마을과 주택들이 쌍안경으로 또렷이 보였다. 초가지붕은 강풍에 날아가지 않도록 밧줄을 이용하여 십자 형태로 얽어 놓았다. 밭과 가옥 주변에 흑회색의 현무암으로 쌓아 올린 약 1미터 높이의 돌담도 눈에 들어왔다. 한라산은 구름을 둥그렇게 이고 있었다. 선장은 이곳을 항해하는 동안 탁 트인 모습의 한라산은 좀처럼 보기 힘들었다고 말했다.

우리는 곧 북서쪽으로 진로를 돌려 대륙에 접근했다. 변화무쌍한 풍경이 펼쳐졌다. 아무것도 없는 황량한 섬, 달랑 나무 한 그루만 심어진 섬, 작은 부락이 들어선 큰 섬 등, 연달아 섬이 나타났다. 날렵한 지붕의 정자가 인사를 하는 섬도 있었고 작은 절도 여러 번 보았던 것 같다. 섬 사이사이에는 흰색과 노란색이 섞인 돛과 점토색 돛을 단 고기잡이배가 무수히 떠 있었다. 짙푸른 하늘, 특유의 소나무, 험준한 바위, 주택과 돛단배가 이렇게 전혀 다른 모습을 하고 있지 않았다면 나는 암초도가 있는 노르웨이 해안에 온 줄로 알았을 것이다. 우리는 목포에서 잠시 쉬었으나 배가 부두 바깥에서 닻을 내렸기 때문에 육지로 올라가지는 못했다. 멀리서 바라보는 목포시는 정돈된 인상을 주었다. 저녁 무렵이어서 아련한 연기가 검은 기와집과 짚으로 엮은 초가집 위에 얹혀 있었다.

　이튿날 아침, 우리는 눈부신 햇빛을 받으며 서울에서 30킬로미터 떨어진 제물포 항에 입항했다. 이곳에서 나는 오랫동안 내 활동지가 된 조선 땅을 처음으로 밟았다. 조선은 나의 제2의 고향이 되었다!

제 3 장
조선과 조선인들이 준 첫인상

　세관에서 짐을 다 찾기까지는 꽤 오랜 시간이 걸렸으나, 독일어와 프랑스어를 유창하게 구사하는 김 선생이라는 분이 많은 도움을 주었다. 서울에 있는 통역학교에서 공부하고 영사관에서도 근무한 사람이었다. 그 분과 더 오래 이야기를 나누지 못한 것이 아쉬웠다. 제노바에서 이곳까지 42일 동안 항해하면서 많은 인상을 받았지만 그래도 제물포에서는 모든 것이 새롭고 낯설기만 했으니 말이다. 하지만 내 마음속에서는 모든 것을 철저히 배워보겠다는 욕심이 싹텄던 것 같다. 물론 나는 만사를 유럽인 또는 독일인의 눈으로 바라보았다. 남동부 유럽인이라면 독일인이나 영국인이나 스칸디나비아 사람과는 다른 잣대를 가지고 다르게 판단했을 것이고, 어쩌면 위생도 별로 중시하지 않았을 것이라고 나는 생각했다.

예상과 달리 김 선생은 친절하게도 나를 독일인 H씨 가족에게 데려다 주었다. H씨는 유서 깊고 성실한 상인 집안 사람이었다. 그 집으로 가는 동안 많은 것을 관찰했다. 제물포는 엄격하게 구분된 여러 구역들로 이루어진 곳이었다. 조선인들이 사는 중심가에는 대부분 기와지붕을 얹은 1-2층짜리 주택과 상점이 있었고, 중국인과 일본인의 거주 구역도 서로 뚜렷하게 구분되어 있었다. 일본식 목조 주택에는 종이를 발라 만든 미닫이문이 달려 있었고 이것이 창문도 겸하고 있었다. 집 앞에는 새해맞이 축제용으로 비스듬히 자른 대나무 줄기를 두세 개씩 묶어 세워두거나 소나무를 세워놓았다. 처마 돌림띠에 붙은 새끼줄에는 헌등과 함께 기다란 종잇조각이 무수히 많이 달려 있었다. 그 모든 모습들이 정겹다 못해 장난스러운 느낌마저 들었다.

제물포의 상점들은 대다수가 중국 상점이었다. 중국 상점은 다른 나라 상점보다 모두 규모가 크고 어두웠으며 옷감이나 곡식 포대들로 가득 차 있었다. 이곳에서는 중국과의 교역이 중요한 일이라는 것을 알 수 있었다. 대부분의 중국 상인들은 영어도 할 줄 알았다. 중국인들은 유럽의 어느 언어보다도 조선말 배우는 것을 훨씬 힘들어한다고 김 선생이 말해주었다. 이후 나는 일본인 중에서도 조선말을 할 줄 아는 사람은 별로 만나보지 못했다. 일본인들은 조선말에서 특히 독일어의 변모음 ä, ö, ü에 해당하는 모음들과 강한 기식음(氣息音)인 P-, T-, K- 를 발음하지 못한다. 조선인은 일본말을 배우는 데 어려움이 없지만 일본인은 모두 이 '무시무시한' 언어에 겁을 집어먹는다.

제물포는 항구 이름이다. 도시 이름은 '인천'인데 일본식 발음으로는 '진센'이고 중국인들은 '옌촨'으로 읽는다. 처음에 나는 동일한 한자를 이렇게 세 가지로 발음한다는 사실에 어리둥절했다. 나의 언어 연구는 여기에서부터 시작되었다. 함께 가던 김 선생은 산책용 지팡이를 팔에 건 뒤 왼손바닥을 펴고 거기에 오른손 검지로 선을 몇 개 그어 보였다. 동아시아 사람들은 "글로는 어떻게 적습니까?" 하고 물어보면서 그 필체를 눈으로 따라 읽고 무슨 한자인지 알아내는 데 익숙하다. 그러나 나는 손바닥에 적힌 글자에는 속수무책이었다. 아무 흔적도 안 남기고 사라지니 말이다. 김 선생은 다른 행인들한테는 개의치 않고 거리 한복판에서 지팡이로 모래 위에 네 개의 선을 그렸다. 왼쪽 윗부분에 비스듬한 선 하나, 그 밑에 세로선 하나, 그리고 오른쪽에 두 개의 선을 나란히 그었다. 그런 다음 이 글자가 '인간의 위엄, 인간의 사랑, 선량, 자비, 호의,

동정, 과일의 씨'를 의미하며 '인', '진', '옌'으로 각각 달리 발음한다고 설명했다. "상당히 많은 뜻이 있군요! 그런데 발음이 어찌 그리 심하게 차이가 날 수 있지요?" 나는 저도 모르게 반문했다.

"그건 한자가 중국에서 들어온 시기와도 관련이 있지만, 중국의 북방에서 들어왔는지 아니면 남방에서 왔는지 그 유래한 지역과도 무관하지 않습니다. 중국에서도 똑같은 글자를 지방마다 다르게 읽습니다. 대체로 우리나라는 기원후 1-2세기에 중국에서 한자를 받아들였고 옛날 발음을 외래어로 간직했습니다. 게다가 우리는 한자를 우리식 발음에 맞춰서 읽었습니다. 일본인들은 조선을 거쳐 한자를 도입한 뒤 발음을 간소화했지요. 그렇게 해서 '옌'이 우리나라에서는 '인'으로 되었고 일본에서는 '진'이 되었습니다."

설명을 마친 김 선생은 모래 위에 세 개의 선을 세로로 긋고 그것이 강 또는 흐름을 뜻한다고 말했다. 하천과 강바닥에 흐르는 물을 본뜬 모습이라는 것이다.

"이건 훨씬 간단하군요!" 내가 대꾸했다.

"그렇고 말고요! 그러나 획수가 30개 혹은 그 이상이라서 설명이 거의 불가능한 글자도 있습니다. 더욱이 강을 뜻하는 이 글자는 중국의 쓰촨 성[四川省]을 의미하기도 합니다. 옌촨(인천)은 그러니까 '자비로운 강'을 말합니다. 어쩌면 '마음씨 좋은' 중국의 쓰찬 성 사람들이 옛날에 와서 살던 거주지였을 가능성이 높지요."

우리는 발걸음을 계속했다. 나는 글자와 역사와 문화의 내적인 연관성을 희미하게 이해하기 시작했다. 내가 연구자와 선생으로서 이나라에서 영향력을 발휘하려면 언어 습득만이 아니라 언어와 문화와 역사의 내적인 연관성을 파악하는 것이 선결 조건이었다.

여러 일본 상점의 간판에서 한자와 함께 금색 혹은 먹빛으로 빛나던 일본의 음절문자, 즉 단순한 모양의 가타가나와 곡선 모양의 히라가나는 내게 이미 낯익은 글자였다. 그러나 조선 상점에 붙어 있는 글자들은 한자나 일본의 음절문자와는 전혀 비슷한 점이 없었다. 김 선생은 이 글자들도 설명해 주었다. "이것이 1446년에 세종대왕께서 유학자들의 반대를 무릅쓰고 창제한 조선의 표음문자입니다. 슬기로운 사람은 아침을 마치기도 전에 깨치고 어리석은 이라도 일주일이면 배울 수 있다고 세종대왕이 백성에게 내리는 글에서 말씀하셨습니다."

이 말에 나는 당연히 호기심이 일었지만 그 이상의 질문은 나중에 하기로 했다.

어느새 우리는 H씨 집에 도착했다. 유럽식으로 지은 주택이었다. 김 선생은 나를 집주인에게 소개하고 곧바로 헤어져 돌아갔다. 나는 짧은 시간 동안 김 선생이 보여준 솔직하고 협조적인 성품과 식견을 접하고 그를 높이 평가하게 되었다.

H씨 가족은 동포를 만났다는 사실에 무척이나 기뻐하며 나를 곧장 자리로 안내했다. 흥미진진한 대화를 나누는 가운데 오전이 지나갔다.

나를 초대한 H씨의 집은 세련되게 꾸며져 있었다. 유럽식 가구와 조선식 장롱이 예술적 감성으로 접목된 집이었다. 내 관심을 끈 것은 무엇보다도 조선의 고가구들이었다. 키가 큰 갈색 자개농이 특히 시선을 끌었는데, 작은 맞닫이문과 미닫이문이 달린 몸체가 여러 층으로 포개어져 있었다. 문양은 꽃과 새와 동물 또는 고전에 나오는 윤리적 배경의 이야기들이었다. 만듦새가 대단히 정교했다. 붙어 있는 황동과 백동 장석(裝錫)과 무늬를 새긴 자물쇠는 농에 견고한 지지감을 주었고 보는 사람에게는 일종의 평온함을 안겨주었다. 자개에서 내 눈길을 사로잡은 것은 농의 표면과 조화를 이룬 균형미였다. 한 군데도 도드라진 곳이 없었다. 다른 농들도 우아하면서 소박한 느낌을 자연스럽게 전달했다. 붉은 색이나 검은 칠을 한 농도 있었고, 자개와 상아를 박은 것, 그림을 그려 넣은 농도 있었다.

집주인이 농 하나를 열었을 때 나는 그야말로 말문이 막혀버렸다. 고려시대(936-1392)의 무덤에서 출토된 갖가지 모양의 귀중한 회녹색 청자들이 멋진 무늬와 자잘한 균열, 상감된 꽃문양과 붓놀림의 장식을 하고 나를 쳐다보았다. 훗날 내가 함께 참여하여 건립했던 서울의 박물관에서조차 보지 못한 청자들이었다.

놀라는 내 마음을 집주인이 알아챈 모양이었다. 그는 꽃병 하나를 꺼내어 바닥 표면에 있는 독특한 점들을 보여주면서, 유약이 칠해지지 않은 그 점들이 조선의 옛 진품 도자기의 특징이라고 설명했다. 고령토와 흑토를 메워 넣은 도기들도 조선만의 창작품인 것은 물론이고 모든 시대의 도기 중에서 유일무이한 것이라고 했다. 이 제작 기법을 상감이라고 하고 일본어로는 쇼칸이라고 하는데, 고려 왕조의 멸망과 함께 그 비법은 사라졌고 16세기와 17세기에 나타난 '미시마데'[12]에서 희미하고 불완전한 모방 기법만이 발견될 뿐이라고 그는 말했다.

은, 백동, 황동에 무늬를 새기거나 칠보 세공을 한 촛대와 접시, 나무를 깎아 만든 귀여운 장식품, 수를 놓은 비단 병풍들이 방을 장식했다. 나중에 H씨가 귀국한 뒤 이 물건들은 서울의 박물관으

---

12 조선시대의 분청사기를 일본인들은 미시마데(三島手)라고 불렀다. 분청사기의 문양이 미시마라는 신사의 달력 문양과 비슷하다고 하여 붙인 이름이다. 이 이름을 대신하여 1940년대에 개성 박물관장으로 있던 고유섭이 조선 초기의 그릇을 청자 발전 과정의 산물로 해석하고 이것을 분장한 회청사기의 줄임말인 분청사기(粉靑沙器)라고 불렀다.

로 옮겨지고 일부는 함부르크의 민족박물관으로 가거나 개인 소
장품으로 남았다.

나는 조선 민족의 예술 활동을 잠시 엿볼 수 있었다. 예술과 예
술품에서 그 창작자의 성격을 알아내는 것이 가능하다면, 나는 벌
써 이곳에서 조선 민족의 균형 잡히고 조용하고 소박한 일면을 접
한 셈이었다. 눈에 띄게 두드러지거나 과장된 것은 하나도 없었고
과도한 장식도 없었다. 이는 내가 조선 민족과 더불어 살았던 세
월 동안 매번 확인한 사실이다.

점심으로는 조선식 굴국, 커리를 얹은 밥, 달걀 반찬이 차려져
나왔다. 식탁 중앙에는 조선의 민족 음식인 '김치'를 담은 사발을
놓아두어 자유롭게 덜어다 먹도록 했다. 쌀밥이나 기장밥에 곁들
여 반찬으로 먹는 김치는 잘게 썬 채소와 무, 붉은 고추, 자그마한
생선을 넣어 만든 것으로, 독일의 자우어크라우트와 비슷하게 발
효 과정을 거친다.

후식으로는 과일이 나왔다. 나는 이곳에서 처음으로 황금빛 감
을 먹어보았다. 일본 감보다 부드럽고 맛도 좋았다. 호두와 빨간 대
추도 나왔다.

오후에 H씨는 나에게 언덕에 있는 정자로 산책을 가자고 했다.
나는 그의 초대를 감사하게 받아들였다. 이 나라와 국민을 알고

싶다는 것 외에는 더 바라는 것이 없었기 때문이다.

정자로 가려면 수확을 끝낸 논과 채소밭을 지나 바닷가로 가야 했다. 썰물 때여서 해안은 100미터 정도 안쪽까지 진흙과 조개로 덮여 있었다. H씨는 내게 '간만의 차'를 이야기해 주었다. 조선의 서해안, 특히 이곳 제물포에서는 간만의 차가 10미터에 달하는 반면, 동해안에서는 30-35센티미터에 불과하다고 했다.

당연히 나는 처음에는 놀랐지만, 황해에서는 물이 빠져나가고 그와 동시에 중국해의 바닷물이 남쪽에서 밀려들어오면서 물이 이 높이까지 불어날 수밖에 없는 것을 생각하니 간만의 차이를 이해할 만했다.

정자는 기가 막히게 기술적으로 지어져 있었다. 사방이 트인 채로 네 개의 나무기둥이 서 있고, 위는 나무를 깎아 만든 목재로 연결되었으며, 앞으로 길게 뻗어 나온 육중한 지붕이 덮고 있었다. 지붕의 구조는 안쪽에서 확연히 알아볼 수 있었다. 모든 서까래는 가운데로 모였고, 돌림띠 바깥에서는 방향을 틀거나 각재를 배치하여 각 면의 중앙과 귀퉁이에서는 직선으로 흐르지만 중앙에서 멀어질수록 각이 생겨났다. 이로 인해 바깥쪽으로 균일하고 연속적인 선이 만들어졌다. 돌림띠 바깥에 있는 서까래들에는 색을 입혀 놓았다. 내부 공간의 가운데 부분은 약 4분의 3 높이에서 우물반자로 마무리되었다. 이 정자는 내게 조선의 건축 양식을 처음으로 접하게 해준 건축물이었다. 게다가 구조물 전체에 못이 하나도 사용되지 않았으니 이런 건축 양식은 유럽의 어느 건축가라도 감탄했을 것이다.

그런 다음 비로소 주위를 둘러보았다!

언덕은 높이가 겨우 60미터를 넘을 정도였지만 서쪽으로 황해의 -이 이름이 괜히 붙은 게 아니었다- 넓은 수면이 펼쳐져 있었다. 북쪽을 바라보니 옅은 녹청색 언덕들이 연달아 늘어섰고, 동쪽으로는 서울 주변의 산들이 솟아 있었다. 그 사이로 푸른 숲이 자리잡고 남쪽으로는 제물포 시와 항구가 뻗어 있었다. 기와 형태의 차이로 인해 멀리서 보아도 여러 민족과 문화가 뒤섞인 도시라는 것을 알 수 있었다.

오후 시간은 H씨 가족과 차를 마시며 보냈다. 친절한 안주인은 조선에서는 차나무가 아주 잘 자라는데도 러시아나 중국이나 일본과 달리 차를 전혀 즐기지 않는다고 했다. 내가 그 신기한 사실의 이유가 무엇이냐고 묻자, 아마도 인종에 따른 차이이고 오랜 관습의 잔재일 것이라고 H씨가 말했다.

그런 다음, 나를 데리러 온 김 선생까지 열심히 참여하여 흥미진진한 대화가 이어졌다. 당시에는 추측으로만 이야기했던 것들을 훗날 나는 연구를 하면서 고고학과 민족학과 문헌학상의 증거를 통해 실제로 확인할 수 있었다.

독자에게 너무 학문적으로 비춰질지도 모르는 위험을 감수하고서라도 나는 당시 우리가 나누었던 대화와 내 연구 결과를 짧게 설명하려고 한다.

나는 조선인 가운데 파란 눈과 금발을 한 사람들이 특히 시골 사람 중에 꽤 있다는 말을 들었는데 이 사실을 나는 거듭해서 확인했다. E. 벨츠[13]와 아이크슈테트[14]도 이 신기한 사실을 언급하며 과거의 민족 이동과 연관시킨 바 있다.

앞으로 이야기하게 될 다른 문제들도 그렇지만, 이 현상 역시 기원전 2000년경에 있었던 인도게르만 족의 이동에서 비롯된 것이 분명하다.

그밖에 남쪽의 말레이 제도와 남태평양 지역 주민들도 조선으로 유입되었다. 더구나 역사 문헌에는 퉁구스 족, 투르크 족, 훈 족, 한족, 몽골 족이 계속적으로 조선에 들어왔다고 보고되어 있으며,

---

13 에르빈 벨츠(Erwin Bälz) : 1849-1913. 독일의 의학자이며 인류학자. 1876년에 도쿄 의학교(醫學校)에 초청되어 일본에 머물렀으며 일본 근대 의학의 발전에 기여하였다.

14 아이크슈타트(Egon Freiherr von Eickstedt) : 1892-1965. 독일의 인류학자이며 나치 시대의 인종이론가. 1934년에 저술한 『인종학과 인종사』에서 인류를 피부 색깔에 따라 백색, 흑색, 황색의 3대 인종 계통으로 나누고 지역별로 그 아래에 36가지 인종을 두었다.

실제로 지금도 조선에서는 몽골 유형이 대다수를 차지한다.

우리의 토론은 저녁까지 이어졌고, H씨는 그날 밤을 자기 집에서 묵으라고 나를 졸라댔다. 그래서 나는 서울행을 다음날 늦은 오후로 미루었다.

저녁 늦은 시간에 나는 집주인의 조선인 비서인 유 씨라는 사람도 소개받았다. 이런 한 음절의 성씨는 조선 전체에 약 80여 종류가 있다. 거기에다 조선인과 중국인은 모두 대개 두 음절로 이루어진 이름을 같이 쓰고 있다.

저녁이면 유 씨는 그의 사장과 함께 일종의 카드놀이를 즐겼다. 하지만 카드가 아니라 기하학적 모양이나 꽃, 숫자, 낱말이 그려진 길쭉한 막대를 사용했다. 그 막대를 부채처럼 손에 잡고 있다가 막대를 바꾸거나 탁자에 내려놓기도 했고, 내려놓은 패의 모양에 따라 게임 하는 사람의 순서가 바뀌었다.[15]

나는 그 놀이를 한동안 지켜보았으나 같이 참여하기에는 놀이 규칙이 너무 어려워 보였다. 그래서 고맙게도 나에게 배정된 방으로 들어갔다.

---

15 투전(鬪錢)을 말하는 것으로 보인다. 폭이 좁고 길쭉한 기름종이에 인물, 새, 짐승, 곤충, 물고기 등의 그림이나 시구 혹은 문자를 그려 넣어 패로 쓰는 도박의 일종이다.

조선 땅에서 맞는 첫 밤이었다!

몸이 피곤한데도 나는 오랫동안 잠을 이루지 못하고 그날 받은 다양한 인상들을 되새겨 보았다. 조선 땅에서는 언제부터 사람이 살기 시작했을까? 이 물음에 대한 대답은 훨씬 훗날 자세한 연구를 한 뒤에야 얻을 수 있었다.

내 침실에는 유럽식 침대 옆에 전구가 끼워진 약 80센티미터 높이의 황동 촛대가 바닥에 서 있었다. 처음에는 전혀 눈에 띄지 않았지만 나는 그 촛대를 자세히 살펴보고 감탄했다. 밑받침 위에 솟아 있는 길고 좁은 기둥은 중간쯤에 잘록한 마디가 두 개 있었고, 기둥 위에는 둥그런 꽃잎들이 달린 꽃봉오리가 활짝 피어 있었다. 예전에는 초꽂이로 쓰였던 이 부분에 지금은 전구 소켓을 달아 놓았다. 꽃봉오리 밑에는 떨어지는 촛농을 받기 위한 좁다란 접시가 붙어 있었다. 그리고 회전 가능한 두 개의 가로대가 이 부분에서 수평으로 돌출해 있고, 그 위에 촛대와 평행으로 나비 모양의 판이 달린 세로대가 서 있었다. 초 높이쯤에 달린 손바닥 크기의 나비 날개는 바람막이로 만들어 놓은 것이 분명했다. 전체적으로 정교하게 장식된 조선의 옛 수공품인데 지금 사용하는 전구로 인해 현대화된 물건이었다. 나비를 나방으로 생각한 것은 독특한 발상이었다. 나방이 만개한 꽃의 꿀을 먹듯이 초의 그을음을 빨아

들인다! 참으로 멋진 예술적 모티브였다. 그런데 이 예술품은 자주 보기 힘든 진기한 것이 결코 아니었다. 훗날 내가 관찰한 바에 의하면, 비록 만듦새는 단순해도 가난한 오두막집에서까지 볼 수 있는 물건이었고 가정에서 쓰는 일상용품이었다.

다음날 아침, 나는 계속해서 문 두드리는 소리에 꿈에서 깨어났다. 내가 "Come in!" 하고 말하자 문이 빠끔 열리더니 시중드는 사람의 목소리가 나지막하게 속삭였다. "Sonsängnim, adscham sigan töyossumnida." 나는 이 말이 무슨 뜻인지 몰랐지만 아침을 먹으면서 그 의미를 전해 들었다. "선생님, 아침 시간 되었습니다!"

아침을 먹으며 나는 새로운 사실을 알게 되었다. 아침 식사로는 코코아와 오스트레일리아산 비스킷, 캘리포니아산 저장 우유, 조선 북쪽 지방에서 나는 인삼 잼, 일본 북쪽의 사포로에서 온 버터와 치즈, 포르모사에서 생산된 밀감이 나왔다. 내 생각을 읽은 듯한 H씨가 말했다. "세계 각지의 음식으로 차려진 이 유럽식 아침 식사가 신기하신 거죠?! 그런데 말입니다, 조선의 암소들은 젖을 내지 않아요! 이 나라에서는 수천 년 전부터 젖을 짜지 않았습니다. 동물로 만든 음식은 먹지 말아야 한다는 불교적 태도 때문인지도 모릅니다. 그래서 버터도 없고 치즈도 없어요. 엄격한 침묵 수행으로 유명한 트라피스트회 수사들이 삿포로에서 큰 농장을 가지고 목축을 하고 있습니다. 그분들이 네덜란드에서 소를 들여와 썩 괜찮은 성과를 냈는데, 일본 정부가 이 전례를 좇아 조선 곳곳에 농장을 세웠습니다. 그런데 가장 큰 문제는 이곳에 초지와 풀이 모자란다는 겁니다. 건초는 싸리나무 풀로 마련해야 해요. (서울 남쪽의) 수원에 있는 농업학교에서 이미 전 세계에서 나는 풀의 씨로 시도를 해보았지만 현재까지는 성과가 없습니다. 어쩌면 강한 햇볕으로 풀이 말라 시들기 때문이겠지요. 조선인들은 빵도 안 먹습니다. 식사는 매번 밥으로 하고 가난한 사람들은 기장을 먹습니다. 앞으로 조선 사람들과 식사할 기회가 있을 텐데 그때가 되면 유럽 음식과 조선 음식의 차이를 아시게 될 겁니다."

오래지 않아 나는 그 차이를 경험하게 되었다. 아침 식사를 마치자 나를 기차로 서울에 데려다 주기 위해 김 선생이 찾아온 것이다.

제 4 장
내가 경험한 서울

　제물포와 서울은 항공 노선의 거리가 25킬로미터에 불과하지만 기차를 타면 거의 한 시간이나 걸린다. 수많은 산과 논밭으로 인해 철도가 구불구불 가설되었기 때문이다. 나는 되도록 많은 경치를 보려고 창가 좌석을 골랐다. 물론 그러기에는 겨울이라는 계절은 가장 적당하지 않았다. 내 눈은 꽤나 단조로운 풍경에 금방 익숙해졌다. 그래도 수확이 끝난 논마다 물을 가두어 놓고 낮은 둑을 둘러친 것이라든지 사용 가능한 땅은 거의 모두 경작한다는 것은 내게 새로운 모습이었다.

　함께 타고 가던 김 선생은 마침 서울에 볼일이 있었기 때문에,

대단히 고맙게도 남는 시간을 쪼개어 내 길동무가 되고 통역을 해 주면서 나의 호기심을 채워주고 여러 질문에 대답해 주었다.

우리가 자리를 잡은 지 얼마 안 되어 맞은편에 두 명의 조선인이 와서 앉았다. 한 사람은 길고 뾰족한 흰 수염을 기른 장년의 남자였다. 머리에는 말총으로 곱게 엮어 만든 검정 갓을 썼고, 입고 있는 눈부시게 하얀 무명 두루마기는 거의 바닥까지 닿았으며, 발에는 유럽 여성들의 펌프스를 연상시키는, 천으로 만든 좁다란 신발을 신고 있었다. 모든 게 반짝반짝 빛났다. 지체가 높고 교양 있는 조선인인 것이 분명했다. 그와 내 길동무인 김 선생은 허리를 깊게 굽혀 서로 인사를 나누었다.

지금까지 나는 의복에 별로 관심을 기울이지 않았다. 제물포 항에서는 대부분 광부와 저임금 노동자만 눈에 띄었고, 원래 하얗던 그들의 옷 ―저고리와 통이 넓은 바지―은 석탄 가루와 땀으로 더러워져 있었다. 맞은편에 앉은 또 한 명의 조선인은 거친 일에 시달린 초라한 모습이었다. 그는 지체 높은 사람 ―그런 사람을 양반이라고 한다고 김 선생이 귓속말로 속삭였다― 옆에 다소곳이 자리를 잡았다.

나는 양반이 무엇인지 몰랐지만 어떤 모습의 사람인지는 설명할 수 있었다. 그의 고운 손, 잘 다듬어진 꽤 긴 손톱, 깨끗한 옷

등 여러 가지로 짐작하건대 모든 육체노동이 격에 맞지 않아 보이는 사람이라는 것을 알 수 있었다. 양반은 철저하게 전통적인 유교 풍습에서 자라면서 『서경』『시경』『역경』『춘추』『예기』 같은 경전을 공부하는 것으로만 만족했으며, 나중에 내가 조선의 이야기책에서 읽은 바에 의하면 평민의 조롱거리가 되었다. 그러나 평민도 겉으로는 사대부 계층에 대한 존경심을 감추지는 못했다.

맞은편에 앉은 남자와 김 선생 사이에 곧 열띤 대화가 펼쳐졌다. 아쉽게도 나는 그 내용을 알아듣지 못했지만, 나에게 자꾸 눈길을 주는 양반의 모습에서 나에 관한 이야기를 한다는 것을 알았다. 한번은 그가 무심결에 고개 숙여 내게 인사를 했을 때 나도 그 말없는 인사에 답례를 보냈다. 그는 약 80센티미터 길이의 설대(煙道)와 작은 대통(雁首)이 달린 장죽을 꺼낸 뒤 기름종이를 접어 만든 쌈지에서 곱게 자른 검은 담뱃잎을 꺼내어 대통에 꼼꼼하게 채웠다. 그러자 옆에 앉은 사람이 -나는 두 사람이 일행이거나 서로 아는 사이라고는 생각하지 않았다- 벌떡 일어나 성냥을 켜서 담뱃대에 불을 붙였다. 양반은 이 행동을 당연하게 받아들이면서 무어라고 중얼거렸는데, 내 귀에는 "komabso"처럼 들렸다. 이것은 무척 거만하면서도 자비로운 말투이지만 양반들과는 최고의 경어법만 써서 이야기한다는 사실을 나는 나중에야 알았다. 동아시아 사람들은 예의범절이 몸에 익었다. 양반이 담뱃대에서 연기를 내뿜자 옆 사람은 그때서야 유리로 된 값싼 (중국제) 물부리가 달린 훨씬 작은 담뱃대를 꺼내어 담배를 피우기 시작했다. 양반의 장죽에 달린 물부리는 은에 꽃무늬를 상감한 칠보였다.

나는 양반이라는 신분의 의미를 조선에서 오래 체류한 뒤에 명확히 깨달았다. 양반은 문관과 무관의 두 반열을 의미했다. 왕조 시대에 정승과 관리들은 이 두 부류로 나뉘어 한 쪽은 왕의 오른편에, 다른 한 쪽은 왼편에 섰다. 문관은 원래 땅과 곡식을 급여로 받았고, 무관은 옛날에 장군이 학자 계층에서 발탁된 경우가 아닐 때는 전쟁에 나가거나 약탈을 하여 정복한 땅을 빼앗거나 소유하여 보상을 받았다. 나라의 관리들은 모두 학문을 닦아 학자와 선비가 되어 주로 시와 그림과 음악을 익혔다. 양반은 유산 계급에 속했고 이들을 위해 무산 계급인 하인들이 일을 해야 했다. 그럼에도 역사책에는 과거에 노비 반란에 대해서는 적혀 있어도 농민이 양반의 행동에 대한 저항으로 파업을 일으킨 사례는 나와 있지 않다.

나는 두 사람의 대화를 중단시키지 않았다. 하지만 그 자리에서 벌써 조선 사회의 계급적 대립이 내 앞에 드러나 있었다.

우리가 기차를 통해 내다본 토착민들의 집은 대부분 초가집이었다. 나무 울타리가 둘러싸고 있거나 기와를 얹은 담장이 에워싸고 있어서 정겨운 인상을 주었다.

아직 서울까지 몇 킬로미터가 남은 지점에 이르자 흙을 쌓아 만든 작은 무덤이 끝없이 연달아 늘어서 있었다. 각각의 무덤은 지름이 약 1.5미터에 높이는 1미터가 채 안 되었고 나무나 덤불에 가려져 있지도 않고 비석도 없었다.

이곳이 서울시의 공동묘지이고 더 큰 묘지는 동대문 바깥에 있다고 내 스승인 김 선생이 설명했다. 일본이나 중국의 매장 풍습과 확연히 다른 이 매장 방식이 이 지역에 단조로우면서도 평화로운 인상을 주었다. 과연 공동묘지라고 할 만했다.

서울에 가까워질수록 기차역은 많은 사람들로 붐볐다. 에이토호[16]에서 여자 여러 명이 탑승했다. 그 중 커다란 광주리를 갖고 탄 여성은, 내가 차창으로 관찰한 바에 의하면, 나무나 풀의 질긴 껍질로 만든 똬리를 머리에 얹고 그 위에 광주리를 이고 있었다. 다른 한 여인은 그보다 젊은 여성으로 깨끗하게 세탁한 하얀 두루마기를 입었고, 나이가 든 또 다른 여인도 역시 깨끗하게 차려 입었지만 두루마기는 걸치지 않았다. 추위 때문에 옷에는 전부 솜을

---

16 영등포의 일본식 발음.

두었다는 사실을 나는 여기에서 깨달았다.

객실에 난방을 너무 덥게 해서 거의 모든 사람들이 두루마기를 벗었다. 같이 가는 김 선생은 어차피 양복 차림이었다. 양반은 흰 두루마기를 입은 채로 있었다. 아마도 벗으면 '체통'이 깎인다고 생각하는 모양이었다. 유복한 집안 출신인 듯한 젊은 여인도 두루마기를 벗고 수줍은 듯이 다시 자리에 앉았다. 남자들 앞에 앉아야 하는 것이 곤혹스러운 게 분명했다. 그녀가 입은 분홍색 비단 저고리는 터질 듯한 가슴까지 내려왔고 젖가슴의 대부분이 드러나 있었다. 거기에 여러 겹으로 몸을 감싸는 하얀 비단 치마를 입고 폭이 넓은 허리띠로 허리를 졸라매었다. 치맛단 밑에서는 역시 솜을 둔 하얀 무명 버선이 내다보고 있었다. 남자들의 버선과 달리 대님으로 묶지 않았고 오히려 통이 넓은 속바지를 버선 속에 넣었다. 발에는 우아한 검붉은 비단 신발을 신었다. 역시 펌프스와 대체로 비슷했다.

나는 다양한 유형의 옷을 여유 있게 천천히 관찰했다. 저고리와 두루마기는 평균적으로 남녀가 상당히 비슷했다. 그러나 나는 조선인의 옷 어디에서도 단추를 보지 못했고, 중국에서 흔히 보는 끈으로 여미는 단추도 없었다. 옷은 모든 부분을 넓은 띠로 여미었고 세심하게 옷고름으로 묶었다. 옷자락은 길게 늘어뜨렸다. 나는 조선인의 저고리와 두루마기의 고름이 우리 서양인들의 넥타이와 비슷한 역할을 한다는 것을 곧 깨달았다.

우리가 탄 기차는 서울 근교에 '용이 사는 산'이라는 용산에서 오랫동안 정차했다. 신문과 담배, '비루(맥주)', '진탄(은단)', '초콜라도'를 사라고 선전하는 활기찬 소리가 귀를 울렸다. 이제 기차는 1킬로미터에 달하는 철교를 지나 폭이 800미터는 될 듯한 한강을 건넌 뒤 한자로 '경성'이라고 적힌 서울역에 들어섰다. 김 선생은 계속되는 내 질문에 열심히 대답했다. 우선 그는 '서울'을 읽는 법부터 교정해 주었다. Seoul은 프랑스식 표기법이고, 독일에서 나온 지도나 신문 기사에 흔히 적혀 있는 Schaul이나 Söul도 잘못되었다고 했다. Sŏul의 o는 독일어의 Orgel과 Orkan에서처럼 개구 모음이고 강세가 있다는 것이다. S는 두 개의 S에 h가 이어질 때처럼 날카롭게 발음해야 하고, 따라서 서울은 ss-h-ŏ-ul로 읽어야 하며 순수한 조선말로서 수도를 의미한다고 했다. 한자로 적는 '경성(京城)'은 수도의 성채를 뜻하고 일본어로는 케이조, 중국어로는 징쳉으로 읽는다고 그는 말했다.

기차에서 내리자 —벌써 일본인 남자아이 사환이 친절하게 외투에 솔질을 해주었다— 유럽식으로 지어진 역사(驛舍)가 우리를 맞았다. 곳곳마다 약동하는 삶이었다. 일본 여성들의 화려하고 세련된 기모노와 남성들이 입은 어두운 빛깔의 기모노가 조선인의 하얀 의복과 뚜렷한 대조를 이루었다. 훗날 서울에서 몇 년을 보내면서 확인한 것이지만, 조선의 남학생들은 유럽식 검정 제복을 착용했고 여학생들은 흰 저고리에 검정 치마를 입고 머리는 길게 땋아 빨간 댕기를 맸다. 여성들 사이에는 모자를 쓰는 풍습이 없었지만 시골 사람들은 흔히 머릿수건을 하고 다녔다. 남성들한테서는 갓이 사라지고 그 대신 여름에는 밀짚모자가, 겨울에는 펠트 모자나 털모자가 자리 잡았다.

나이 든 조선 남성의 갓은 상당히 우스꽝스러워 보였다. 과거에 남자들은 머리를 틀어 올려 위에서 매듭처럼 묶었고, 이것을 고운 말총을 엮어서 이마에 두르는 띠처럼 만든 망건으로 고정시켰다. 이 망건 위에 다시 남성의 위엄을 나타내는 갓을 쓰고 턱 밑에서 좁다란 끈을 매어 묶었다. 이 갓이 자주 밀려 내려올 경우가 있는데 그럴 때면 남자들은 술에 취한 사람처럼 보였다.

역사 바깥에서는 자동차, 인력거, 전차가 승객들을 태워 나르기 위해 기다렸다. 이탈리아에서처럼 짐꾼들이 도착한 승객을 숙소로 데려가려고 트렁크를 손에서 받아들려고 했다. 각양각색의 제복을 입은 호텔 종업원들은 서양에서처럼 자기들의 호텔이나 여관 이름을 대며 말을 걸었다. 조선 전체에서는 '조선 호테루'가 최고급

호텔로 통했고 그보다 규모가 작은 일본식 또는 조선식 여관과 음식점도 많이 있었다.

나를 기다리는 독일인 가정으로 가기 위해 나는 인력거를 타고 '동쪽의 작은 문'인 동소문 안의 백동[17]으로 갔다.

헤어지면서 김 선생은 서울의 구조에 대해 설명했다. 서울은 약 35킬로미터에 달하는 거대한 성곽으로 둘러싸여 있다. 비할 데 없이 좋은 위치에 자리 잡은 서울은 남쪽과 북쪽에 숲이 우거진 산이 솟아 있다. 남쪽에는 남산이 있고, 북쪽에는 바위산인 북한산이 있는데 이곳은 성벽을 쌓아 전쟁 때 왕의 피신처로 이용했다. 북한산의 남쪽 봉우리는 해발 500여 미터이고, 백회색의 화강암 바위로 이루어진 북쪽 산들은 800미터가 넘는다. 앞에서 말한 서울의 성곽이 북한산 최고봉까지 이어지고 성곽 바깥쪽은 6-8미터 아래까지 경사가 져 있다. 성곽은 회반죽을 쓰지 않고 화강암으로 축조되었다. 도성 안 곳곳에서는 늘어나는 부락과 사람의 왕래를 피해 성곽을 쌓아야 했다. 산에서는 성곽이 뚜렷이 보였다. 그런데 주민들은 가끔 이곳에 있는 기와와 네모돌을 건축 자재로 쓰기 위해 가져갔다. 성곽은 서서히 허물어지고 있었다.

---

17 현재의 혜화동.

원래 서울에는 네 개의 큰 관문이 있었다. 미술사적으로도 중요한 '남쪽의 큰 문' 남대문과 '동쪽의 큰 문'인 동대문도 그런 관문이다. 문화재로 보호되고 있는 두 문은 옛 궁궐들과 함께 서울에서 가장 아름다운 건축물에 속한다. 그 외에 네 개의 작은 문이 있는데 이것들도 네 방위에 따라 이름이 붙었다. '동쪽의 작은 문'인 동소문도 그 중 하나이지만 위치상으로는 서울의 북쪽에 자리 잡고 있다.

세월이 흐르면서 완전히 유럽식으로 변모하고 폭이 넓어지고 꽃밭과 분수로 예쁘게 단장된 서울의 대로들은 '종의 길'인 종로에서 갈라진다. 이곳에는 역사가 900년이 넘는 커다란 종이 달려 있다. 과거에 정오 12시와 저녁 7시가 되면 추로 종을 울리는 것이 아니라 매달려 있는 육중한 당목(撞木)으로 때려서 타종했다.

19세기 말까지 저녁 시간에 울리는 종소리는 남자들은 거리에서 사라지고 하루 종일 집안을 떠날 수 없었던 여자들이 자유롭게 외출해도 된다는 신호였다.

이 오랜 관습은 현재 거의 잊혀졌다. 여자들은 최소한 공적으로는 남자와 동등한 권리를 가진 국가 구성원으로 인정받고 있다. 그러나 실생활에서 남자와 여자가 나란히 사이좋게 걸어가는 모습은 지금도 보기 힘들다. 남자는 항상 몇 걸음 앞서 가고 여자는 다소곳한 자세로 뒤따라간다.

서울은 내가 조선에서 보낸 20년 동안 많은 발전을 이룩했다. 커다란 정부 건물과 행정 관청, 우체국, 은행들이 들어선 것은 물론이고 개인 소유의 건물과 상점들도 유럽의 건축 양식으로 지어졌다. 신축 건물들은 흑회색의 기와나 양철 지붕을 얹은 나지막한 오래된 가옥들과 커다란 대조를 보였다.

깔끔한 목조 가옥들이 빽빽이 들어선 일본인 상점 지역은 서울에서 독자적인 구역을 형성하고 있는 반면에 중국 상점가는 후퇴하는 중이다.

제1차 세계대전이 일어난 직후 정부에서는 서울의 대규모 박물관 두 곳의 건립과 구성에 관해 나에게 자문과 협조를 요청했다. 하나는 총독부 직속 관할의 박물관이었고, 다른 하나는 옛 대한제국 궁궐 안에 있는 이왕가 박물관이었다.[18] 나는 이미 조선 북서

---

18 일본은 조선을 점령한 지 5년째인 1915년 9월에 경복궁에서 조선물산공진회(朝鮮物産共進會)라는 이름으로 박람회를 개최했다. 이때 전시 공간으로 사용된 미술관을 공진회 폐막 후 박물관으로 활용하면서 같은 해 12월에 조선총독부박물관이 개관했다. 이왕가 박물관은 덕수궁에서 창덕궁으로 거처를 옮긴 순종을 위로한다는 명목으로 일제가 창경궁에 동물원과 식물원을 개설한 뒤 1910년 3월에 낙성한 박물관으로 처음에는 창덕궁 박물관이라고 불렸다. 이후 일제는 동물원, 식물원, 박물원의 소재지가 창덕궁 후원 동쪽에 있는 어원(御苑)이라는 의미에서 동원으로 부르다가 다시 창경궁 소재를 의미하는 창경원으로 고쳐 불렀다.

지방에 있는 기원후 5세기와 6세기의 고분 발굴과 복원 작업에도 직접 참여했고, 또 유럽인으로는 처음으로 -고트셰[19] 여사보다 먼저- 오래된 석굴 사찰인 석굴암의 폐허를 답사하고 동아시아 불교 미술에서 유례없는 이 유적의 보수를 정부에 제안한 적이 있었던 터라 박물관과 관련한 촉탁을 기꺼이 받아들였다.

이왕가 박물관의 지휘부가 주안점을 둔 사항은 조선의 민족학적, 지질학적, 농업적인 지세에 대한 조망과 귀중한 회화와 공예품, 칠기장과 궤, 상감 세공품의 수집이었다. 국립 박물관은 두 개의 근대식 건물 안에 조선의 고대와 근대의 모든 예술품들을 대규모로 전시했다. 나는 『조선미술사』라는 대규모 저작에서 그 내용을 자세하게 다루었기 때문에 여기에서는 세부 사항을 보고하지 않겠다. 독자들은 몇 시간 혹은 몇 날을 그 멋진 창작품들을 관람하면서 보낼 수 있을 것이다. 여기에서는 박물관의 개별 전시실을 대략적으로 짧게 언급하기로 한다.

선사시대 전문가의 흥미를 크게 끄는 것으로는 석기시대의 각종 도구, 불을 피우기 위한 환상 열석, 구멍을 뚫는 연장, 돌바늘,

---

19 베르타 고트셰(Bertha Gottsche) : 20세기 초에 활동한 독일의 여성 학자. 1918년에 "석굴암론(Sokkulam, Das Steinholen-Kloster)"을 「동아시아 잡지(Ostasiatische Zeitschrift)」에 발표했다.

원통형 도끼, 어깨 도끼, 사각형 도끼 등 수많은 유물들이 있다. 이것들은 그 형태미와 실용성과 더불어 원시시대 민족들의 이동에 대해서도 알려준다.

서력 기원이 시작될 무렵 평양 부근에 있던 중국의 식민지 낙랑(중국어로는 롤랑, 일본어로는 라쿠로라고 한다)의 고분 발굴 작업에서도 놀라운 유물들이 빛을 보았다. 중국 한나라 때의 금세공품, 그릇, 청동 거울, 부장품으로 들어간 인물상이 출토되었고, 특히 제작 연도가 적힌 칠을 한 접시와 모자들은 명문에 의하면 중국 내륙인 쓰촨 지방에서 나온 것으로 당시에 이미 조선에까지 전해졌다. 이로써 제물포의 이름인 '인천'도 쓰촨 사람들의 옛 정착지였다는 설명이 가능해진다

박물관 안의 독립된 전시실에는 신라시대(기원전 57-기원후 936)부터 최근까지의 진기한 도자기들이 진열되었다. 특히 고려시대에는 빼어나게 아름다운 도자기들이 제작되었다. 나는 전에도 쾰른의 동아시아 박물관에서 비슷하게 귀한 유물들을 본 적이 있지만, 제물포의 H씨 집에 있는 소장품을 보고 이 진기함에 주목했다.

박물관 입구는 23구의 석굴암 등신대 부조상이 장식했다. 홀 중간과 양옆 전시실에서는 나무와 돌과 청동으로 만든 불상들이

그 초연한 평온함으로 보는 이들에게 깊은 인상을 주었다. 그밖에 회화 전시실, 금세공품이 있는 진열실 등이 있었고, 금세공품 진열실에서는 특히 신라시대 왕관들이 눈길을 끌었다.

나는 몇 년에 걸쳐 이 예술품이 전시된 곳을 수백 번이나 드나들었고, 전문가와 자주 회의를 하고 이야기를 나누면서 조선과 극동 지방의 모든 고고학 자료와 예술 발전을 접하게 되었다. 조선의 예술품들이 전해진 일본의 주요 도시 나라(奈良)의 호류지, 호린지로의 여행은 이러한 인상을 완벽하게 보충해 주었고, 르 코크, 스벤 헤딘, 필히너[20] 같은 연구자들과의 개인적인 접촉은 나에게 귀중한 자극제가 되었다.

몇몇 관청을 잠시 방문한 뒤 나는 당시 조선 역사와 문화의 최고 전문가라고 할 수 있는 뮈텔[21] 주교 예하도 찾아뵈었다. 예하의 주교관은 고딕 양식으로 지어진 웅장한 성당 옆에 붙어 있었다.

---

20 르 코크(Albert von Le Coq) : 1860-1930. 독일의 고고학자이며 중앙아시아 연구가. 스벤 헤딘(Sven Hedin) : 1865-1952. 스웨덴의 지리학자, 탐험가, 여행기 작가. 네 번에 걸쳐 중앙아시아를 탐험하고 트랜스히말라야 산맥을 발견했다. 필히너(Wilhelm Filchner) : 1877-1957. 독일의 지질물리학자, 탐험가, 여행기 작가.

21 귀스타브 뮈텔(Gustave Charles Marie Mutel) : 1854-1933. 민 뮈텔 아우구스티노 대주교. 조선대목구 8대 교구장. 1880년에 조선에 입국하여 1890년에 교구장에 임명되었다. 한국에서 활동하는 50년 동안 한국 가톨릭 교회의 토착화와 현대화에 공헌하였고, 특히 신앙의 자유를 맞게 된 전환기에 교회 활동을 재개하여 오늘날 한국 교회의 기틀을 다졌다.

"오랫동안 이 나라에 머물면서 백성들과도 교류할 생각이시겠지요." 이야기를 나누는 동안 백발의 주교님이 말씀하셨다. "그럼 먼저 이름부터 조선의 언어 관습에 맞게 바꾸어야 합니다." 주교님은 내 독일 성 에카르트(Eckardt)의 에크(Eck)와 가장 비슷한 옥(중국식으로는 위, 일본식으로는 교쿠)을 성으로 제안했다. '옥'은 보석, 연옥, 비취, 벽옥을 뜻하지만 귀하고 화려하고 존엄하다는 의미도 있다. 나는 내 성에 만족했다. 이제 두 음절로 된 이름을 지을 차례였다. 주교님은 내 이름과 비슷한 '안(평화)'을 골랐고, 사이에 채우는 이름으로는 내가 가장 즐기는 음악을 뜻하는 '낙'을 택했다. 서예가가 비단에 멋들어지게 써준 내 조선식 이름 옥낙안(玉樂安)은 지금도 내 서재에 걸려 있어서 눈에 확 들어온다.

'새로운' 이름에 뿌듯해진 나는 곧 철저하게 조선말을 공부하여 나의 새로운 고향에 적응하기로 마음먹었다.

얼마 후 나는 일본 국가와 조선 국가를 작곡하고 서울에서 군악대를 지휘하는 독일의 지휘 자 프란츠 에케르트(1916년 사망)[22]

---

22 프란츠 에케르트(Franz Eckert) : 1852-1916. 독일의 작곡가. 19세기 말에 일본에서 해군 군악대 교사와 황실 음악대 교사로 활동하다가 1901년부터 조선에서 군악대 지휘를 맡았다. 1902년에 대한제국 애국가를 작곡하고 고종으로부터 태극 3등급 훈장을 받았다. 1916년에 건강상의 이유로 군악대 지휘를 플루트 주자 박 씨에게 넘겨주었다.

와도 알게 되었다. 나는 그의 친절한 초대를 흔쾌히 받아들여 음악회에 가보고는 내 동향인이 45명으로 구성된 취주악단을 그렇게 짧은 기간 안에 양성했다는 사실에 놀랐다. 독일 민요 접속곡이 악단원과 청중들에게 특히 인기가 많았다. 베르디, 비제, 리하르트 바그너의 작품 연주 역시 독일의 그 어떤 악단이라도 만족스럽게 생각했을 것이다. 프란츠 에케르트는 8년간 군악대를 가르치면서 박 선생이라는 조선인을 그의 대리 지휘자 겸 후임으로 양성했다.

나는 서울에서 많은 사람들이 유럽 음악을 받아들여 소화한다는 사실에 놀랐다. 리하르트 슈트라우스와 프리츠 크라이슬러 등이 이곳에서 연주회를 열었을 때 나도 관람할 기회가 있었다. 그때 연주회장은 만원이었고 사람들은 끝나지 않는 박수갈채로 연주에 보답했다.

조선의 민속 음악은 시끄러운 피리 소리로 인해 요란하고 탁한 느낌이 든다. 나는 이 음악을 서울 체류 초기에 결혼식과 장례식 그리고 광고 행렬에서 들었다. 거의 모든 원시 민족의 음악이 그렇듯이 여기에서도 선율의 아름다움보다는 리듬이 큰 비중을 차지했다.

나는 몇 년 동안 사범학교의 감독 자리를 맡아 조선어 문법과 과학(물리와 화학)을 직접 가르쳤다. 훗날 1923년에 신설된 경성제국대학에서 교편을 잡았을 때는 여기에서 사용한 교수법과 조선 학생들과의 교류가 대단히 귀중한 밑거름이 되었다. 물론 수업과 강의는 동아시아 언어와 문화를 몇 년 간 열심히 공부한 뒤에야 가능했다. 시간이 흐르면서 서울은 나에게 소중한 곳이 되었다. 지금 내 상념은 다시 이 도시를 향해 가고 있다. 서울은 전쟁으로 인해 얼마나 많이 달라질 것인가?

제 5 장
초학자로서 열심히 글을 배우다

서울에 체류하고 처음 몇 주 동안에는 모든 것이 새로웠다. 내 눈은 상점에 표음문자 한글과 일본의 음절문자, 그리고 중국의 한자, 이렇게 세 가지 다른 문자로 적혀 있는 난해한 간판 글자들에 차츰 익숙해졌고, 귀로도 서서히 세 언어가 가진 전혀 다른 억양과 음색을 구별하기 시작했다. 그러는 사이 나는 옛날 서당을 다닌 학자 한 분을 알게 되어 그 분을 나의 스승으로 모셨다. 그는 김봉제 선생님이었다. 대단히 성실하고 올곧은 성격의 그분과 나는 많은 멋진 시간을 보냈다. 선생님은 독일어를 한 마디도 알아듣지 못했고 영어나 프랑스어도 할 줄 몰랐다. 나에게는 잘된 일이었다. 언어학습 교재도 조금 낡은 프랑스어 문법책과 1882년에 나온 한불사전 외에는 없었다. 결국 나는 참고서도 없이 언어에 익숙해질 수밖에 없었다.

처음 수업을 시작했을 때 우리는 서로 얼굴을 쳐다보며 웃었다. 아무도 상대방의 말을 알아듣지 못했으니 말이다. 나는 연필과 공책을 앞에 놓고 이제부터 조선인 선생님이 가르칠 내용을 기다렸다. 선생님은 자신을 가리키며 'na'라고 말했다. 나는 그것이 '나'를 뜻한다고 생각하고 그 말을 꼼꼼하게 적은 뒤 다시 확인하기 위해 나를 가리키며 'na'를 반복했다. 선생님은 고개를 끄덕이고는 이번에는 나를 가리키며 'no'라고 말했다. '너'를 뜻하는 것이 분명했다. 그 다음에 이어진 문장 "na saramio"부터는 이해하기가 조금 어려웠다. "나는 사람이다."일까? "나는 똑똑하다."일까? 아니면 "나는 바보다."일까? 계속되는 가르침과 문장을 통해 겨우 그 뜻을 알아낼 수 있었다.

물론 처음에는 주로 추측을 하고 낱말을 배우는 것이 고작이었다. 나는 각각의 대상을 뜻하는 낱말을 그때마다 받아 적었다. 당장은 그런 낱말들과 낱말의 연결이 학습 내용이었기 때문이다. 김봉제 선생님은 갑자기 "나 사람이오."를 반복해서 말하더니 그것을 '사람이다, 사람이올시다'로 변화시켰다. 이것으로 벌써 첫 번째 어려움이 시작되었다. '-다'로 끝나는 문장에서 선생님은 손바닥을 펴서 아래로 내렸고, '-이오'로 끝나는 문장에서는 손바닥을 조금 높게 올렸으며, '-올시다'에서는 아주 높이 쳐들었다. 똑같은 동사에 여러 경어법이 있었다. 나는 아이에게 말할 때, 친구에게 말할 때, 동년배에게 말할 때, 축약형, 연장자에게 말할 때 등 다섯 단계로 나누어진 형태들을 공부하면서 공책에 기록했다. 말하는 상대에 따라 모든 어미가 변했고 이것이 조선말 문법의 독특한 특징이었다. 생각해 보라. 간단한 동사 '하다'에도 최소한 300여 가지의 서로 다른 형태가 있다! 동사의 불규칙 변화가 조선말을 더 복잡하게 만들었다. 이 사소한 예문에서 벌써 조선말의 어려움이 짐작된다.

당연히 나는 새로 배운 내용을 어떻게든 활용해 보려고 날마다 노동자, 전차 운전사, 인력거꾼들과 이야기를 나누었다. 하지만 말은 더디게 늘었다. 사실상 2개 언어를 동시에 익혀야 했기 때문이다. 하나는 순수한 조선말이고, 또 하나는 조선에 차용어로 들어와 조선말의 중요한 부분을 차지하는 수많은 한자 발음이었다. 간단한 예를 하나 들면, 합성어에서는 '사람' 대신에 한자어 '인(人)'을 쓰고, '불'(그리스어의 pür를 생각해 보라) 대신에 '화(火)'를 쓴다. 이와 비슷한 현상은 마찬가지로 2개 언어로 이루어진 일본어에도 나타난다.

선생님과 산책을 하는 중에도 나는 조선말 공부를 계속했고 언어 공부를 역사와 문화 학습과 연결시켰다.

동소문 근처에는 공자 사당인 문묘가 있다. 해마다 3월 21일이 되면 이곳에서 대규모의 봄 제사가 거행된다. 나는 그 제사가 열릴 때 한번 참관할 기회가 있었다. 물론 그때는 눈과 귀로만 만족을 얻어야 했다. 말로 진행되는 내용은 여전히 알아듣기가 요원했으니 말이다. 그러다가 공부를 계속하면서 처음으로 그곳에서 들은 구절을 번역할 수 있었다. 제사가 대단히 독특했기 때문에 여기에서 짧게 언급해야겠다는 생각이 든다.

로마자로 Konfuzius로 표기하는 공자는 기원전 551년에서 479년까지 살았던 사람으로 소크라테스와 동시대인이었다. 그는 편력 생활을 하는 정치가이자 사회도덕가였다. 공자는 고대 역사서를 공부한 것을 계기로 그가 사는 시대보다는 과거의 시대가 훨씬 훌륭하고 좋았다고 믿었다. 그는 옛 세대의 황금기를 다시 회복할 수 있다는 생각에 골몰했고, 이런 의미에서 역사서를 정리하여 나쁜 것은 모두 삭제하고 좋은 것만을 남겨두었다. 그는 당시 여러 봉건 국가들의 왕을 설득하여 자신의 이상을 실현하려고 하였지만 가는 곳마다 외면당하여 뜻을 이루지 못했다. 공자의 가르침은

100여 년 뒤 맹자가 공자의 말과 교훈을 글로 적고 주해를 달아 대중의 감각에 맞게 편찬하지 않았다면 훗날 그렇게 중요한 유산으로 남지 못했을 것이다. 이렇게 해서 유학 사상을 받아들인 사람들이 점차 늘어나고 정부에 대한 저항도 거세어지자 시황제(기원전 221-209)는 유교 경전을 불태우는 조치를 취했다. 이후 한나라(기원전 209-기원후 221) 때 와서야 후계자들이 다시 공자의 사상으로 돌아왔다. 그때부터 공자는 '큰 스승', '성현 중의 성현'으로 불렸고 그를 모시는 사당을 지어 제사를 지냈다. 공자가 설파한 소박한 사회적 윤리는 중국과 인접 국가들의 기본 도덕이 되었다. 조선도 기원후 4세기에 공자의 책들을 받아들였고, 서울에 있는 문묘는 이 나라에서 가장 중요한 사당이 되었다.

문묘 경내에 도착하니 위엄 있는 문들과 구조가 눈에 들어왔다. 마당에서는 거대한 장작불이 타올랐고, 널찍이 앞으로 돌출한 대성전(大成殿) 지붕과 수백 년 된 커다란 은행나무가 큰 그림자를 드리웠다. 음악을 연주하는 악단, 춤을 추는 무원들 그리고 집사들이 입은 비단 옷이 화려하고 생동감 있는 모습을 만들어냈다. 이것저것 묻고 설명을 들을 시간이 없었다. 모든 것을 눈으로만 파악해야 했지만 그것이 내 공부에 귀중한 도움이 되었다. 문이 열려 있는 성전 바로 앞에서는 제사를 주관하는 집전자가 지위가 높은 헌관들에게 각각 예를 올리라고 청했다. 헌관들은 세 번씩 절을 한 뒤 공자의 이름이 적힌 커다란 신위 앞에 술잔을 올렸다. 제사상에는 십여 개의 놋대접이 놓였고 거기에 쇠고기, 돼지고기, 양고기, 생선, 야채, 과일 등의 제수가 차려졌다. 내가 한 마디도 알아듣지 못했던 큰 소리로 읽는 축문은 비단에 쓰였고 제사가 끝날 때 불에 태웠다.

밤에 펼쳐진 광경과 신비스러운 조명, 옛날 음악과 춤이 아무리 매력적이었다고 해도 나는 내 선생님이 받은 깊은 감동을 공유할 수 없었다. 나에게는 그 제사 의식이 무언가 차갑고 진부하게 느껴졌다. 형이상학 없이는 철학이 존재할 수 없듯이, 학문도 그것 하나로는 오랫동안 만족을 주기 힘들다. 유교는 형이상학이 빠진 순수한 윤리학이다. 이 제사는 백성들을 배제시킨 국가만의 숭배 의식이었다.

그러는 동안 말 공부에도 진척이 있어서 나는 속도는 느리지만 선생님과 정신적인 문제까지도 이야기할 수 있게 되었다. 공자 제사는 내가 조선의 종교적 삶에 관해 선생님과 대화를 나누는 계기가 되었고, 여기에 대해 선생님이 들려준 이야기들은 내게 많은 도움이 되었다. 조선 사람들은 옛날에 서당에서 경전을 일부 외우다시피 했지만 공자 제사에는 거의 참여하지 않는다. 주민들은 직접 조상에게 제사를 지내고 있고 근본적으로 도교적인 사고방식을 갖고 있다. 예언, 점성술, 미신, 귀신에 대한 두려움이 이들의 삶을 지배한다.

사람들은 흔히 외국말 공부를 아주 간단하게 생각한다. 독일에서는 문법서와 연습책을 이용하여 외국어의 기본을 익히는 데 그다지 어려움이 없다. 그러나 연습문제가 들어간 문법책이 없어서 자신이 들은 것을 토대로 규칙을 알아내고 스스로 기본을 다져야 하는 외국에서는 사정이 다르다. 내가 그런 경우였다. 그래서 나는 기회가 닿을 때마다 실력을 쌓고 내가 세운 언어 규칙이 맞는지 시험해 보았다. 벌써 따뜻해진 4월과 5월에 나는 김봉제 선생님과 함께 서울 근교나 좀 더 먼 곳으로 산책을 하며 조선말 공부를 보충했다. 얼마 후 우리는 절에도 가고 폭포가 쏟아지는 계곡에도 갔다. 그곳으로 가는 도중에 선생님은 동화와 우화와 전설을 들려주었고 나는 들은 내용을 다시 이야기해 보았다. 그것은 내게 언어 연습이기도 했지만 그와 동시에 이 민족의 사고까지 알려주는 것들이었다.

나는 공부하고 들은 내용을 힘들여 습득해야 했지만 훗날 내가 책을 펴낼 때는 그것이 풍부한 자료가 되었다.

처음 몇 달 동안 나는 선생님과 열심히 공부하면서 내 말을 알아득게 전달하고 서민들의 쉬운 말투를 이해하는 데 주력했다. 한글을 배우는 것도 그다지 큰 어려움은 없었다. 그러나 이제부터는 고전이나 학술서를 읽을 때 꼭 필요한 수많은 한자도 배울 생각을 해야 했다. 지금까지 나를 가르친 선생님은 기꺼이 이 분야도 지도해줄 분이었지만, 나는 장소와 환경을 바꾸어 정식 학교에서 어린 학생들과 함께 한자를 기초부터 배우고 싶었다. 그러기 위해 나는 수원 근처의 하우고개라는 산골에 있는 시골 서당을 찾아냈다. 도시의 학교들은 이미 서구식으로 바뀌어 과학 과목이 강조되고 한문은 밀려났기 때문이다.

하우고개로 떠나기 전날 밤, 돌로미티케 산맥과 지형이 비슷한 백두산[23]의 험준한 바위들이 서울과 작별을 고하듯 황홀하게 타오르는 불빛처럼 벌겋게 달아올랐다. 내 고향 알프스의 저녁노을이 생각났다. 바위들의 위치에 따라 아침과 저녁에 노을을 만드는 이 산의 모습을 나는 나중에도 자주 바라보았다. 그러나 말할 수 없이 큰 신세를 진 김봉제 선생님과 함께 마당 울타리에 서서 '지극히 아름다운 이 나라'를 내다본 그날 저녁만큼 마음 깊이 감동을 느낀 적은 없었다.

---

23 저자의 착각으로 생각된다.

수원으로 가는 길은 심심하지 않았다. 그곳 농업학교 교장인 M. 나가이 씨와 함께 가면서 나는 정부가 고심하고 있는 여러 문제를 알게 되었다. 무엇보다 벼 수확량의 증대와 누에의 품종 개량이 문제였다.

조선은 동아시아에서 중요한 쌀 생산국의 하나이지만, 수확량은 겨우 조선 주민에게 돌아갈 정도이지 수출할 정도의 여분은 생산되지 않는다. 벼 품종을 개량하고 수로 정비를 통해 땅을 최대한 활용하여 수천 제곱킬로미터에 달하는 새 경작지를 만들면 수확량이 늘어나 일본을 비롯한 여러 나라로 쌀을 수출하여 새로운 수입원을 만들 수도 있을 것이다. 양잠과 누에고치 개량도 마찬가지이다. 이 문제에서는 수원의 농업학교가 이미 좋은 성과를 내어 놓았다.

하우고개에 도착하니 수원역에서 조선인 마부가 기다리고 있다가 나에게 조선의 조랑말을 건네주었다. 이 나라 풍습에 따라 안장이 높이 달린 말은 아주 온순해 보였다. 마부는 '이 녀석이 조금 사나우니' 내가 올라탈 때 말이 몸을 흔들지 않게 자기가 말을 꽉 잡고 있겠다고 했다. 뭐, 어차피 나는 배에서도 '승마 수업'을 했으니 지금은 시험을 해볼 차례였다. 우선 나는 말을 쓰다듬으며 살짝 예뻐해 주면서 고삐를 단단히 쥐고 힘차게 안장에 올라탔다.

나는 말을 장악했지만 이 예상치 않은 습격에 놀란 말은 앞뒤로 몸을 흔들어 저항하며 나를 떨어뜨리려고 했다. 그러나 내가 대퇴부를 말 옆구리에 밀착시키자 뛰어오르는 것을 멈추고 고분고분해진 말은 나를 너그럽게 하우고개까지 태우고 갔다.

　주변에 나타난 첫 풍경은 구릉이었다. 목포에서 제물포까지 배를 타고 올 때 곳곳에서 보았던 것과 똑같은, 당시 벌써 나를 강하게 끌어당겼던 풍경이었다. 눈이 닿는 곳마다 구릉이 줄지어 있었다. 구릉은 두 가지 지형으로 구분되었다. 넓은 지표면이 낮은 덤불로 뒤덮인 곳은 어디를 보아도 부드럽게 잔물결이 일렁이는 초록 바다를 보는 듯했다. 그런가 하면 겨울 추위와 여름 소나기로 인한 침식 때문에 편마암과 화강암층이 늘어나 한줌의 흙도 남아 있지 않은 곳이 있었다. 산에는 수많은 개울이 널려 있었고, 멀리 보이는 하얀 산의 경치는 파도가 거세게 몰아쳐 물마루가 생긴 바다처럼 느껴졌다. 그 후 세월이 흐르면서 나는 그 산들에 나무와 풀을 심는 기초 녹화 사업을 지켜보고 놀라움을 금치 못했다. 20여 년 뒤 조선을 떠날 때는 나무가 베어져 헐벗었던 침식 지형의 대부분이 벌써 작은 나무들로 들어차 새로운 문화국가의 면모를 보여주었다.

　수원 평지는 키가 작은 벚나무인 앵두나무가 피어 –일본의 벚

꽃과는 전혀 달랐다— 꽃 정원이 되었다. 나는 그 황홀한 광경을 두고 떠나기가 힘들었다.

하우고개는 내륙 쪽으로 1시간 반쯤 들어가야 있다. 저녁 무렵 숲이 무성한 계곡에 도착한 나는 그곳에서 새로운 자연의 경이와 마주했다. 몇 킬로미터에 이르는 산비탈 전체가 내 고향의 석남꽃이나 알프스 들장미와 아주 흡사한 철쭉으로 인해 분홍과 보랏빛으로 타올랐다. 하얀 옷을 입은 조선 사람 여러 명이 입에는 여지없이 담뱃대를 물고 길가 언덕에 앉아 그 멋진 광경에 빠져 있었다. 그들에게 무얼 하느냐고 묻자 이런 대답이 돌아왔다. "구경합니다."

'구경'이라는 말은 그 후에도 자주 들었다. 흔히 쓰는 말의 하나인데, "산책을 하며 주변 경치를 바라보고 호기심을 갖고 몰입한다."는 뜻이다. 나는 자연의 형태와 색깔에 몰입하는 조선인들의 행동이 내면으로 향하는 그들의 사려 깊은 본성의 표시라고 생각했다. 자연의 아름다움을 마음속에 받아들이는 이런 자세를 나는 다른 민족에게서는 경험하지 못했고 그 비슷한 것을 본 적도 없다. 거기다가 어마어마한 정적까지 상상해 보라! 아무 소리도 들리지 않았고 새소리도 나지 않았다! 이 고요함 속에서 말없이 생각에 빠져 있는 사람들, 일본인의 달그락거리는 게다 소리와는 너무나 다르게 짚신이나 고무신을 신고 소리 없이 나타나는 이 사람들은 말할 때조차 눈에 띄지 않고 신중하다. 조선인들이 싸우는 소리도 듣기 힘들다. 서구 여행객의 시선을 끄는 이 두드러진 고요함이 어쩌면 그 많은 여행기 작가들로 하여금 조선을 '조용한 아침의 나라'라고 부르게 한 요인일 것이다.

하우고개에 닿기 직전에 물방앗간이 있었다. 물레방아는 일정한 간격으로 커다란 공이를 들어 올렸다가 방아의 물받이가 비면 탈곡하지 않은 쌀이 담긴 방아 확 깊숙이 시끄러운 소리를 내며 공이를 떨어뜨렸다. 쌀을 찧는 기구였다. 내가 탄 말은 이 기묘한 소음에 놀라 뒤로 멈칫하며 움직이지 않았고 더 나아가려고 하지 않았다. 그래서 나는 물받이에 물이 차는 시간을 이용하여 말을 재빨리 몰아댔고, 소리가 난다 싶으면 멈춰 서서 말을 옆으로 잡아끌었다. 이렇게 해서 나는 더디더라도 안전하게 전진하여 결국엔 목적지에 도달했다.

예쁘고 깨끗한 산골 마을에 들어서자 멀리서 고른 속도로 글 읽는 소리가 들려오다가 다시 웅성대는 목소리로 바뀌었다. 내 귀에는 물 흐르는 소리처럼 들렸다. 마을 서당에서 학생들이 큰소리로 공부하며 내는 소리였다. 서당은 개인 집에 마련되어 서로 잇닿아 있는 작은 방을 두 개 쓰고 있었다. 나는 동행한 마부에게 말을 인계했다. '교실'의 문은 열려 있었다. 학생들은 무슨 신호라도 받은 듯이 입을 다물었다. 나는 층계 두세 단을 걸어 사방이 트인 토방으로 올라간 뒤 이 나라 풍습대로 거기에 신발을 벗어놓고 안으로 들어갔다. 조선인 훈장님은 하얀 수염을 기른 기품 있는 노인이었다. 머리에는 유학자들이 쓰는, 톱니처럼 각이 생긴 왕관 모양의 정자관(程子冠)을 썼는데 갓처럼 말총을 엮어 만든 것이었다. 그는 내가 들어서자 담뱃대를 치우고 일어날 채비를 했다. 당연히 나는 그 분에게 앉아 있으라고 말하면서 허리를 깊숙이 굽혀 인사했다. 곧바로 나는 그의 서당에서 함께 공부하며 중국의 고전 '한문'에 숙달하고 싶다는 희망을 전했다. 주위에 있던 어린 학생들은 눈과 입을 다물지 못했다. 유럽 사람이 자기들 틈에 앉아 함께 공부하겠다는 말을 한 번도 들은 적이 없었을 것이다. 과거에 학자였고 공자의 가르침을 열렬히 신봉하는 훈장님은 자신의 지식이 변변치 않고 서당도 작고 보잘것없으며 학생들 사이에 앉아 있는 것은 불편하다는 등의 말을 하며 처음에는 사양했다. 그래도 내가 계속 청을 하자 그는 허락하면서 최선을 다해 나를 돕겠다고 약속했다. 나는 바로 이런 서당에서 배우고 싶었기 때문에 고맙다는 말을 하고 내 첫 수업일을 다음 날 아침으로 정했다. 그날 학생들 수업은 끝나 있었다. 6세에서 18세가량의 학생들이 25명 정도 있었고 이미 결혼한 학생들도 있었기에 이 서당에서는 나이 차이가 전혀 중요하지 않다는 걸 알 수 있었다.

　나는 서울의 김봉제 선생님의 친구 집에서 융숭한 대접을 받으며 숙식하게 되었다. 이른바 손님방이나 응접실로 쓰이는 사랑이 내 거처로 정해졌다. 놀랍게도 방의 가구는 빈약했다. 구석에는 베개로 쓰이는 목침이 있었고, 다른 쪽 구석에는 놋쇠로 만든 비교적 큰 재떨이가 있었다. 재떨이의 중앙에는 담뱃대를 터는 데 쓰는 코르크와 비슷한 모양의 불룩한 배꼽이 튀어나와 있었다. 한쪽 벽면에는 무늬가 새겨진 커다란 나비 모양의 놋쇠 장석이 붙은 수수한 궤가 놓여 있었다. 침구와 옷을 보관하는 가구였다. 우묵벽에는 나비 문양의 놋쇠 촛대가 있었다. 내가 제물포에서 사용했던 것과 같지만 여기 것이 좀 더 작았다. 집주인은 반갑고 정중한 표정으로 나타나 벌써 봄인데도 방에 단단히 불을 때고 먹음직한 저녁 식사를 차리게 했다. 밥과 김치, 달걀, 마른 생선이 나왔다.

　순 조선식으로는 처음 대하는 식사였다. 너무 피곤하고 배가 고팠기 때문에 음식이 대단히 맛있었다. 다음 장에서도 이야기하겠지만, 주인은 사려 깊게도 "안녕히 주무십시오."라는 밤인사로 대화를 간단하게 줄였다. 밑에서 강하게 달구어진 방바닥에 요를 펴고 털이불을 덮고 자리에 든 나는 딱딱한 잠자리와 더 딱딱한 베개에도 불구하고 한 번도 깨는 일 없이 아침까지 푹 잤다.

나지막하게 문 두드리는 소리가 나를 제 시간에 깨운 덕분에 나는 한자를 배우는 초학자로서 7시 정각에 서당에 도착했다. 일찌감치 시작하는데도 학생들은 빠짐없이 모였고 내가 들어가자 모두 일어섰다. 그리고 이 나라 풍습대로 훈장님에게 하듯이 엎드려 이마를 바닥에 대고 내게 절을 했다. 요즈음엔 이 예법이 많이 밀려나고 서구식 인사법이 자리를 잡았다.

　나는 훈장님 가까이 방 한 구석에 자리를 잡았다. 연로한 훈장님이 장죽에 담뱃잎을 꼼꼼히 채우자 학생 하나가 일어나 불을 붙였다. 그 전에 훈장님은 담배를 피워도 되느냐고 내게 물었다. 연장자로서 당연히 그래도 되었지만 그는 유럽인인 나를 자신보다 윗사람으로 대한 것이다.

　박 훈장님 옆에는 기다란 대나무 회초리가 놓여 있었다. 어디에 쓰는 물건인지는 곧 깨달았다. 학생들은 저마다 편암(片岩)으로 만든 사각형 또는 타원형 벼루를 쓰고 있었고, 어린 학생 몇 명은 고운 모래를 넣은 약 6센티미터 높이의 나무 상자를 가지고 있었다. 만사가 새로웠던 나는 모든 행동을 주의 깊게 바라보았다. 방바닥을 긴 대나무 회초리로 두들기는 소리에 모두 쥐 죽은 듯이 조용해졌다. 새 신호가 떨어지자 나이든 남학생들이 어느 고전의 글귀를 일정한 리듬에 맞춰 함께 큰 소리로 읽기 시작했다. 그 사이 훈장님은 어린 학생들에게 −나도 그 중 하나였다− 커다란 책에 적힌 글자 하나를 가리키며 그 뜻과 획을 쓰는 순서를 설명했다. 그 책이 『천자문』이라는 것은 나중에 알았다. 그 글자들은 '하늘-천''따-지'였고 책의 시작 부분이었다. 첫 줄은 "하늘은 근본이고 땅은 누런 빛깔이다."라는 의미이다. 이 책에서 재미있는 것은 천 개의 글자 중에서 중복되는 것은 하나도 없고 항상 네 글자가 모여 하나의 구절을 만든다는 점이다.

이 교과서에는 다음과 같은 전설이 얽혀 있다. 중국의 어느 학자가 조정의 법령에 반대하다가 목숨을 잃을 처지에 놓였다. 황제는 그가 하루만에 1,000개의 글자로 시를 짓되 한 글자도 중복되지 않게 지어 오면 벌을 면해 주겠다고 약속했다. 학자는 시를 짓는 데 성공했다. 밤을 새워 짓는 바람에 머리가 하얗게 셌지만 그는 목숨을 부지했다. 이런 일은 당연히 한자에서만 가능하다. 수많은 글자를 가지고 있는 것은 한자밖에 없기 때문이다.

나이 어린 학생들은 갖고 있는 상자 속 모래에 검지로 획을 긋고 그 솜씨를 훈장님에게 보여주었다. 훈장님이 "한 번 더."라고 말하면 학생들은 모래를 흔들어 반반하게 만든 뒤 새로 글쓰기를 했다. 실력이 나은 학생들은 훈장님이 보기에 글자의 필체가 만족스러울 때까지 먹과 붓을 가지고 날짜가 지난 신문지에 똑같은 글자를 열 번이고 백 번이고 그렸다. 솜씨가 시원치 않을 때는 대나무 회초리로 장딴지를 맞았다.

나는 어린 학생들과 공부를 시작하면서 먼저 공책을 꺼내어 각각의 획과 글자들을 적으며 외웠고 그 다음에는 붓과 먹으로 연습했다. 붓을 수직으로 잡아야 하고 정말로 그 정교한 글자들에 통달하려면 많은 연습이 필요했기 때문에 상당히 어려웠다.

어쨌든 내가 『천자문』을 떼고 각양각색의 그림들을 ─한자는 내게 그림처럼 보였다─ 외우기까지는 여러 주가 걸렸다. 동일한 글자에 여러 가지 많은 뜻이 있는 경우가 있었다. 그런 글자는 집에서 유럽의 여러 언어로 쓰인 한자 연습책을 보며 공부했는데, 특히 레옹 비게르의 훌륭한 책이 도움이 되었다.

나는 밤낮으로 이 글자들 외에는 아무것도 생각하지 않았다. 가능하면 많이 배우고 그것을 활용하고 싶은 마음이 굴뚝같았다. 평범한 조선인은 일상적인 대화를 하려면 3,000자에서 5,000자의 한자를 읽고 쓸 줄 알아야 하기 때문이다. 또 최소한 8,000자에서 1만 자까지 알아야 지식인 축에 들었다. 그런데 한자에는 2만 자가 넘는 글자가 있지만 교양 있는 동아시아 사람이라도 이것들을 전부 알지는 못한다. 그래서 필요할 때 모르는 글자를 찾아보기 위해 집집마다 옥편을 하나씩 두고 있는 것 같다.

몇 주 후 독일인 지인을 만나러 서울에 왔을 때 그들은 내가 아픈 줄로 알았다. 동전이나 우표를 수집하는 사람들이 그렇듯이 나도 한자를 배우는 데 모든 열정을 쏟았기 때문이다.

몇 주가 가고 몇 달이 흘렀다. 나는 서당에서 배운 내용 전체를 거의 숙지하여 내가 유럽인이라는 것을 알아채지 못할 정도로 글을 쓸 수 있게 되었다. 내가 가진 소질과 젊은 시절부터 지속적으로 수채화와 유화를 그렸던 것이 도움이 되었다. 나는 저녁때까지 나를 지도해준 훈장님과 고전의 일부 내용도 논할 수 있게 되었다. 물론 그것을 외울 생각은 없었고 문제의 구절이 어느 곳에 어떤 맥락으로 써 있는지를 아는 것으로 충분했다.

6월이 되면서 서당 사람들 전원이 산으로 소풍을 갔다. 물론 나도 함께 갔다. 묘산 꼭대기에 도착하여 멀리 보이는 산과 계곡의 멋진 경치를 즐기기 위해 잠시 쉬었다. 우리의 시선은 바다까지 닿았다. 산행은 가까운 계곡으로까지 이어졌고 소년들은 금세 물이 콸콸 흐르는 냇가에서 도구도 없이 그냥 맨손으로 물고기를 잡기 시작했다. 숯불을 피우고 냄비를 꺼내고 가져온 쌀과 매일 먹는 김치로 식사를 차렸다. 그리고 방금 잡은 물고기를 매운 고추장에 날로 찍어 먹었다.

훈장님과 소년들은 내가 날생선의 머리를 베어 먹지 못할 거라며 놀렸지만, 나는 용기를 내어 두 눈을 질끈 감고 용감하게 베어 물었다. 이것을 보고 훈장님과 소년들이 좋아했다. 이제 나도 서당 사람들과 한식구가 되었고 그들은 내가 줄곧 자기들과 함께 살았던 사람처럼 살갑게 대해주었다. 이것이야말로 내가 원했던 것이다. 서민들과 함께 살면서 함께 느끼는 것! 이렇게 해야만 이 나라에서 연구자와 문화의 전달자로서 목표를 이룰 수 있고 바로 그것이 내가 낯선 땅을 밟은 이유였다.

박 훈장님은 이날의 소풍을 위해 후렴구가 들어간 노래를 하나 지었고 학생들은 열심히 그 노래를 불렀다. 우리는 즐겁고 유쾌한 마음으로 집으로 향했다. 어느 민족이든지 젊은이는 역시 젊은이였다.

날이 점점 더워졌기 때문에 저녁의 서늘함이 곱절로 기분 좋았다. 그럴 때면 나는 가끔 마을 바깥으로 나가 바위에 앉아 색깔과 분위기가 있는 먼 계곡을 바라보았다. 지나간 날들, 새로운 경험들, 다가올 뜻밖의 일들, 그리고 상상의 모습들이 현재와 합쳐져 독특하고 반쯤은 무의식적인 상태가 되었다. 그런 순간에 상념이 어디로 달려가는지는 또렷이 기억나지 않는다. 새로운 인상과 낯선 환경이 주는 −이것도 날마다 반복되는 경험으로 습관이 된다− 기묘함에 영향을 받고 심란해지기도 하지만, 타지에서 보내는 이

조용한 시간들은 인생을 살면서 그리고 훗날 고향에 돌아갔을 때
는 가장 풍성하고 아름다운 기억의 하나로 자리 잡는다.

제 6 장
평민과 양반 집에 초대받다

여기에서 내가 조선의 평민과 양반을 구별하는 것은 내 개인적인 신념에 위배되지만, 이 나라 풍습은 수천 년 전부터 그렇게 구분을 해왔고, 이것이 민족의 의식에 강하게 침투하여 말과 글에서도 그 구별이 드러나고 있다. 따라서 나도 여기에서 그렇게 구분하려고 한다. 이미 언급했듯이, 언어에서도 누가 누구에게 말을 하는지, 가령 아이에게 할 때, 직원에게, 친구에게, 동년배나 연장자에게 할 때를 엄격히 구분한다. 그뿐만이 아니다. 윗사람에 대해 이야기할 때는 동사의 어간과 어미 사이에 '시'를 넣어야 한다. 독일어에서도 일부 명사와 동사의 경우 신분에 따라 다른 표현을 쓴다. 'essen(먹다)와 speisen(잡수시다)', 'geben(주다)와 darreichen(드리다)', 'schlafen(자다)와 ruhen(주무시다)'가 그런 예들이지만, 조선말에는 이런 예가 훨씬 많다. 편지에서도 양반에게 쓸 때는 존칭 앞에 한 글자 들어갈 만큼 칸을 띄고 쓴다. 글은 위에서 아래로 내려 적기 때문에 이 두드러진 존대법이 서양식으로 쓸 때보다 더 분명하게 표현된다. 내가 이런 설명을 덧붙이는 것은 평민과 양반의 구별을 구체적으로 묘사하기 위해서이다.

내가 하우고개에 있는 평민 농가에 머물면서 그 집의 '손님방(사랑)'에서 지냈다는 것은 이미 이야기했다. 신기한 것은 조선말에서도 독일어의 'Frauenzimmer(부녀자)'나 'Mannsbild(남정네)'와 똑같은 호칭을 쓰고 있었는데 순서는 독일어와 반대였다. 사랑은 우선 '남자의 방'이라는 의미를 가지고 있었고 부인이 남편에게 사용하는 말이었다.

사랑은 방이 연이어 붙어 있는 안채 바깥에 있다. 조선의 농가는 보통 사각형으로 짓는다. 대문 옆에는 연장과 장작과 곡식을 보관하는 창고 형태의 곳간과 축사가 붙어 있고, 대문 다른 편에 있는 담장은 가옥의 경계를 만든다. 대문을 들어서면 널찍한 마당이 있다. 가장 먼저 눈에 띄는 것은 마루다. 천장을 씌웠지만 개방된 현관이고 바닥에 널마루를 깔았다. 마루 오른편에는 여자들이 기거하는 방이 있고 직각으로 이어진 곳에 부엌이 있으며, 마루 왼편에는 남자들이 쓰는 방 한두 개와 역시 직각으로 손님방이 붙어 있다.

내 고향의 농가를 떠올려보면 조선의 가옥 형태는 특히 흥미로웠다. 간결함과 실용성이 조화롭게 통일을 이루어 완결되어 있는 한편, 남녀의 분명한 구별이 강조되었기 때문이다. 흔하지 않은 특징이었다.

마당에 들어갈 때 나는 조선 풍습에 따라 집주인의 이름부터 큰 소리로 불렀다. 초인종이나 그 비슷한 것은 달려 있지 않았지만 무작정 문을 열고 들어가는 것은 무례한 행동이었다.

"네." 하며 길게 끄는 소리가 나고 다시 묻는 소리가 들렸다. "어느 댁 양반이 오셨습니까?"

나는 내 조선식 이름을 대며 대답했다. "옥낙안이올시다." 이번에는 짧게 "네." 하는 소리가 한 번 더 들렸다. 그리고 방에서 무언가를 미는 소리가 나더니 집주인이 머리에 갓을 쓰고 방의 창문으로 나왔다.

덧붙여 말해두지만, 가옥에는 축사와 부엌을 제외하고는 원래 문이 없다. 각각의 방에서는 창문을 통해 토방으로 나가게 되어 있다. 토방은 건물 전면부를 따라 죽 이어진 곳이다. 창문이 문으

로도 쓰이는 셈이다. 문은 개방된 공간인 마루로 나가는 쪽에만
붙어 있다. 창호지를 바른 격자무늬 창문은 방바닥에서 50센티미
터 정도 위에 설치되었고 그곳을 나가면 말뚝으로 지탱되는 툇마
루로 통한다. 내가 묵었던 집의 정 선생은 당연히 신발을 신지 않
았다. 나도 서양식 구두를 벗고 친절한 조선인 집주인에게 인사했
다. 그는 매우 반가워하며 나를 곧장 자리에 앉히고 얼마 후에 식
사를 대접했다. 그는 앞에서 내가 묘사했던 궤로 가서 엄청나게
긴 장죽을 꺼냈다. 거의 1미터나 되는 설대는 불로 지져 새긴 꽃과
선 장식이 있었고 한쪽 끝에는 놋쇠 대통이, 다른 쪽 끝에는 은으
로 된 물부리가 달려 있었다. 나는 주인이 불붙여준 담뱃대를 고
마운 마음으로 받았다.

내가 하우고개에 도착한 뒤 이 집에서 주인과 나눈 첫 대화는
인조 비료의 장점에 관한 것이었다. 이 문제가 분명히 조선 농부들
의 큰 관심사였기 때문에 집주인은 바로 이야기를 시작하고 내 보
잘것없는 대답을 들으려고 했다. 나는 농업 문제가 조선인의 마음
을 가장 크게 움직인다는 것을 깨닫고 아는 범위 내에서 성실하게
대답했다. 수입 비료가 없기 때문에 조선인 대다수는 커다란 참나
무 잎을 거름으로 주거나 콩과식물의 씨를 뿌리고 땅에 푸른 채소
를 심는다.

하지만 내가 이야기하려는 것은 우리의 첫 대화가 아니라 이후 계속된 내 체류 생활이다.

얼추 반 시간쯤 지나니 벌써 저녁이었다. 안주인이 −30세가 넘지 않은 듯한데도 집주인은 그녀를 마누라('착한 늙은이')라고 불렀다− 마루에서 작은 밥상을 들고 들어와 조심스럽게 내 앞에 내려놓고 서당 아이들과 똑같이 깊게 절을 했다. 여자들이 하는 절은 천천히 무릎을 굽히고 앉아 머리를 정중하고 위엄 있게 방바닥까지 굽히는 것이다. 절을 하는 동안 말은 한 마디도 하지 않았다. 여자들은 침묵하는 게 예절이었다.

내가 짧게 감사 표시를 하자 안주인은 다시 한 번 고개를 끄덕이고 뒷걸음질 쳐서 방을 나갔다.

나는 시골 사람들까지 예절을 차리는 것을 보고 정말 놀랐다. 그것은 유교적 예법의 영향이거나 주로 종교적 의례와 관련하여 '예를 기록한 경전'인 『예기(禮記)』의 영향이기도 했지만, 여자를 남자의 하녀로 보는, 오랜 옛날부터 이 민족의 의식 속에 자리잡은 사고방식이었다. 여성의 참정권이나 그 비슷한 법규 같은 민주적이고 정치적인 사고가 시작되었다고는 하지만, 뼛속 깊이 체화된 이런 태도는 훗날에도, 아니 지금까지도 특히 시골에 남아 있다.

음식에 대해서는 이미 이야기했으나 여성들이 얼마나 힘들게

일하는지는 말하지 않았다.

하우고개에서 지내는 동안 나는 여성들이 일하는 모습을 볼 기회가 많았다. 여자들은 멀리 떨어진 마을 우물에서 물을 길어오고 계속해서 아궁이에도 장작을 넣어야 한다. 부엌에 있는 아궁이로는 여자들 방을 데우고, 사랑방 바깥에 덮개로 덮어놓은 돌출한 아궁이에서는 땅 밑에서 불을 때어 손님방과 남자들 방을 함께 데운다. 이것만으로도 벌써 고된 노동이지만 여기에 더해 특히 겨울에는 밤에도 장작을 지펴 넣어야 한다. 밀과 보리를 빻아 가루를 내는 것도 여자들 몫이다. 이건 우묵하게 파인 나무절구에 절굿공이로 빻는다. 가운데가 원뿔 모양으로 잘록하게 들어갔거나 손으로 잡기 위해 우묵하게 가운데를 파내어 이중으로 만든 1미터 정도의 이 무거운 공이를 대하니 전에 흑인 부족들한테서 보았던 비슷한 도구가 생생하게 떠올랐다. 이것도 아주 오랜 원시시대부터 전해진 일상용품이라는 것을 말해주는 징표였다.

남자와 여자의 하얀 옷을 세탁하는 것도 가정주부에게는 또 다른 짐이다. 솜을 두어 만든 옷은 세탁하기 전에 완전히 분리해야 하므로 품이 두 배로 든다. 두 개의 다듬잇방망이로 두드리는 다듬이질이 대개 하루의 일과를 마무리한다. 처음 며칠 동안 나는 밤에 몇 시간 동안이나 잠을 이루지 못할 때가 있었다. 마루에서

끊임없이 빨랫감을 두드리는 소리가 밤 12시를 넘어 새벽 1시까지 귀에 울렸다. 그러니까 주부는 맡은 일을 끝내기 위해 자정까지 일을 하는 것이다. 나중에 나는 율동적으로 두드리는 그 소리에 너무나 익숙해져 그것을 자장가 삼아 잠들기도 했다.

나를 적잖이 놀라게 한 것은 방과 부엌과 의복을 모범적으로 깨끗하게 유지하고 간수하는 점이었다. 방에는 전부 기름을 먹인 튼튼한 장판지를 —수작업으로 만드는 조선의 종이인데 일본이나 중국에서도 본 적이 없다— 깔아 환한 노란색 리놀륨처럼 빛났다. 집안사람이나 손님이 신발을 벗고 방에 들어간다는 것은 이미 언급했다. 그렇게 함으로써 여자들의 수고가 많이 덜어지고 방바닥은 반들반들 윤이 난다. 부엌에는 선반 위에 깨끗한 놋대접과 접시가 크기별로 나란히 놓여 있다. 물론 나중에는 중국에서처럼 별로 식욕이 생기지 않는 집과 특히 음식점을 보기도 했다.

처음에는 곤혹스러웠으나 마찬가지로 조선인의 예의바른 자세로 설명되는 또 하나의 풍속을 언급해야겠다. 내가 집주인과 함께 하는 식사는 —여자와 아이들은 나중에 따로 먹는다— 둘째 날부터 계속 마루에 차려졌고, 우리 두 사람 앞에는 김이 나는 밥이 놓인 작은 밥상이 각각 하나씩 제공되었다. 그럴 때면 여자들의 방문이 항상 열려 있고, 그곳에는 이웃에서 온 여자들까지 모여 앉아 우리가 밥 먹는 모습을 말없이 지켜보았다. 그들은 우리가 맛있게 먹는 모습을 통해 자기들의 요리 솜씨가 인정받는 것을 보며 뿌듯해하는 것이 분명했다. 그 요리 '예술'은 나도 여기에서 인정하지 않을 수 없다. 밥과 김치와 나머지 반찬들까지 준비하는 것은 결코 간단하지 않다. 나는 처음에 여자와 어린 여자아이들이 쌀을 깨끗한 물에 그냥 담가만 두지 않고 15분 동안 손가락으로 계속 훑고 비벼서 물을 완전히 흡수시켜 불리는 과정을 보고 신기하게 생각했다.

여자들은 무에 소금과 빨간 고추, 0.5-1센티미터 길이의 아주 작은 생선을 버무려 배추에 끼워 넣는 일에도 세심하게 공을 들였다. 키가 1-1.5미터 되는 오지항아리에 김치를 채워 넣은 뒤에는 독일의 자우어크라우트를 만들 때와 비슷하게 천과 나무판자와 네모돌로 덮고 발효시킨다. 커다란 독은 마루가 아니라 대개 바깥마당에 놓고 대문 옆에 있는 곳간에 놓을 때도 있다. 가장 맛좋은 김치를 담갔다는 것은 요즈음에도 모든 시골 여인들의 자랑거리이다.

방에 있는 여자들은 물론이고 이웃 사람들과 아이들도 마루에 둘러앉아 우리가 밥 먹는 모습을 말없이 지켜보았다. 조선 사람들은 식사 후에 잘 먹었다는 표시로 중국인들처럼 트림을 한다. 유럽인들 사이에서는 그야말로 눈총을 받는 이 풍습에 내가 익숙해지기까지는 꽤 오랜 시간이 걸렸다.

식사 후에는 밥으로 만든 뜨거운 물인 숭늉이 대접에 담겨 나왔다. 숭늉은 음료인 동시에 국 대용이었다. 국은 국수를 먹는 큰 잔칫날 외에는 매일 하는 식사에서는 나오지 않았다. 중국에서는 기원후 4세기에, 일본에서는 7세기부터 마셨던 차가 조선에서는 보편화되지 않았다는 것도 내게는 놀라웠다. 밥을 끓인 숭늉과 식사 이외의 시간에 마시는 보리차는 차를 대신하는 건강 음료였고 값도 쌌다. 쌀을 발효시켜 빚은 탁한 술인 막걸리는 남자들이 어울릴 때 마시는 인기 있는 민속주이다. 처음에 나는 이 술을 별로 좋아하지 않았으나, 앞으로도 알게 되겠지만, 더운 날에는 특히 갈증을 시원하게 풀어주었다. 쌀로 만든 투명한 술인 탁주와 화주인 쇠주도 똑같이 인기가 많았지만 값이 더 비쌌고 특별한 때에만 마시는 술이었다. 조선인들이 술에 취한 경우는 별로 보지 못했다. 술에 취하더라도 얼굴이 빨개지거나 싸움을 하는 일은 거의 없고 오히려 자기와 가장 친한 사람을 평소보다 더 '친근한 형제'로 대하곤 했다.

자주 눈에 띄었던 상황을 하나 더 말해야겠다. 조선 사람들은 친구나 잘 아는 사람들끼리는 서로 '동생'이나 '형'이라고 부르기를 좋아했는데 이는 아시아 전체에서 흔히 쓰는 호칭이었다.

　며칠이 지난 뒤였다. 어느 날 저녁 집주인은 여느 때처럼 한담을 하는 대신 나무 조각이 든 주머니와 나무판을 꺼내와 내게 물었다. "장기 한 판 두시겠습니까?" 당연히 나는 두고 싶었다. 장기는 우표 수집과 카를 마이의 책을 읽는 것과 더불어 내가 김나지움 학생 때부터 즐긴 소소한 취미였기 때문이다. 나는 배운 사람뿐 아니라 시골 사람들까지 집 바로 앞 길가에서 장기판을 앞에 두고 앉아 생각에 잠겨 있는 모습을 서울과 시골에서 흔하게 보았다. 그런데 그 장기판의 말은 인물상이 아니라, 크기가 다른 6각형 또는 8각형의 나무토막에 먹으로 한자를 적고 빨강이나 녹색 테두리를 두른 것이었다. 그 흥미진진한 놀이에 대한 자세한 질문이나 연구는 나중으로 미루어 두었는데 이제 나는 그에 관한 설명을 듣고 써먹기에 이르렀다.

　장기는 서양장기(체스)와 여러 점에서 달랐다. 장기판은 가로 10줄 세로 9줄이 만드는 72칸으로 나누어져 있고, 서로 마주보는 진영의 중간에는 네 칸으로 나누어진 사각형이 따로 표시되어 있다. 이 사각형의 네 귀퉁이는 사선으로 연결된다. 이곳이 왕의 요새이고 왕은 요새 한가운데에 자리 잡는다. 나무로 된 장기짝은 서양장기처럼 칸에 놓지 않고 선이 만나는 교차점에 놓는다. 순서는 뒷줄에서부터 차(車) - 마(馬) - 상(象) - 사(士), 사 - 마 - 상 - 차이다. 둘째 줄에는 한가운데에 왕이 있다. 셋째 줄 두 번째 자리에는 포가 있고, 끝으로 넷째 줄에 다섯 명의 병졸이 선다.

아군과 적군을 구별하기 위해 한쪽 편 장기짝에는 빨간색의 예쁜 정자체로 글자를 썼고, 상대편 말에는 옆으로 누운 흘림체 글자에 초록 테두리를 둘렀다. 서로 대적하는 대열 사이에는 중국에서처럼 '황하'를 끼워 넣지 않는다. 장기짝의 이름은 장기가 분명한 전쟁놀이라는 것을 증명한다. 양측의 왕은 중국 한나라와 초나라 왕이다.

장기의 세세한 규칙은 여기에 적지 않고 앞으로 쓸 『조선 문화사』에서 자세히 설명하겠다.

'장군'(총사령관을 뜻하며 일본말로는 '쇼군'이다)은 상대방을 외통수로 모는 것인데 마지막 말을 크게 소리 내면서 장기판에 놓으면 게임은 끝난다.

조선 장기보다 유럽 장기가 나은지 여부는 논란의 여지가 있다. 아마 둘 다 동일한 기원을 갖고 있을 것이다. 내가 보기에는 두 장기가 각각 자기만의 특성을 만들어냈고 매번 흥미를 일으키는 점은 똑같다고 생각한다.

오래됐으면서도 할 때마다 새로운 이 전쟁 게임을 나는 젊은이나 노인들과 자주 즐겼고, 연구할 때나 훗날 직업을 가졌을 때도 기분 전환을 하며 즐거운 시간을 경험했다. 고향에 돌아간 뒤에도 그럴 기회가 있었다면 나는 얼마든지 조선 장기를 즐겼을 것이다.

어느 날이었다. 나는 '큰 배움'을 뜻하는 고대 중국의 경서 『대학』을 읽고 있던 중에 어느 대신(大臣)의 집에 와달라는 초대를 받았다. 중국식 또는 조선식 관례에 따라 초청장은 기다란 붉은 종이에 먹으로 쓴 것이었지만 식사 메뉴가 적힌 카드는 들어 있지 않았다. 나중에 중국에서도 재미있게 겪은 일이었다.

조선인의 초대는 조촐한 식사를 대접한다는 의미였다.

나는 말을 채비시킨 뒤 마부를 대동하고 수원으로 갔다. 화창한 날씨에 그곳에 도착했다. 이 모 씨의 으리으리한 집 대문 옆에는 정교하게 다듬은 60센티미터 높이의 화강암석이 박혀 있었다. 말에서 내리기 편하도록 세워놓은 돌이었다. 우리는 마당으로 들어갔다. 마부는 말을 하인에게 건네주고 내가 왔다는 전갈을 들여보냈다. 그동안 나는 으리으리한 건물을 바깥에서 살펴볼 기회가 생겼다.

전망대 모양의 정자가 딸린 전직 대신의 집은 조각한 나무로 만든 창문, 공들여 만든 서까래, 육중한 지붕, 넓은 택지 등이 집주인의 부유함을 보여주었고 선의 조화를 중시한 세련된 감각을 느끼게 했다.

양반의 비서가 나를 응접실로 데리고 가서 잠깐 기다려달라고 부탁했다. 실내에는 탁자도 의자도 없고 구석에 비단 방석 여섯 개만 쌓여 있었지만, 벽면에 있는 자개 장식장 두 개가 공간에 무언가 위엄을 주면서도 포근함을 갖게 했다.

집주인이 청나라 관리들이 입는 옷을 입고 상냥한 얼굴로 나타나 함께 서재로 들어가자고 청했다.

우묵벽에 붙박이 책장이 붙어 있었다. 여러 권의 프랑스어 서적과 영어 서적이 귀족 조선인의 문학적 관심사를 알려주었다. 한쪽 벽에는 기다란 두루마리 액자(가케모노)가 걸려 있었다. 조선말로 화상이라고 하는 그 액자에는 완벽한 예술적 솜씨로 쓴 글귀가 적혀 있었다. 맞은편 벽면에서는 가볍게 채색된 기다란 동양화가 나를 사로잡았다. 깊이 있는 원근법을 써서 나무로 뒤덮인 돌출한 곳과 암석들을 표현하고 산으로 마무리를 한 조선의 해안 풍경이었다. 시골집, 마을, 나룻배, 돛단배가 화려한 그림에 생기를 불어넣었다.

이 모 씨가 한자어가 많이 섞인 '격조 높은' 언어를 구사했기 때문에 내가 대화를 이해하는 속도는 느렸다. 처음에 우리의 대화는 일반적이고 의례적인 형식으로 진행되다가 도수가 높은 약주를 곁

들여 점심 식사를 하고 난 뒤에야 활기를 띠고 흥미진진해졌다. 가정주부들이 특히 헌신적으로 종사하는 누에치기와 수원 농업학교에서 이룩한 성과들이 우리의 화젯거리였다.

옻칠을 한 작은 자개 밥상이 내 눈길을 끌었다. 로마네스크 미술의 장식을 연상시키는 화초 무늬와 꽃잎에 앉아 꿀을 먹는 오색 영롱한 나비가 번갈아 새겨져 있었다.

밥과 김치, 각종 생선과 해물, 닭구이와 달걀과 과일이 나온 맛있는 요리는 그 집의 딸이 차려냈다. 딸은 계속 시중을 들기 위해 밥상 앞에 앉아 있었다. 평소에 여자들은 처음을 제외하고는 더 이상 나타나지 않기 때문에 그것은 특별한 경우였다.

대신이 입은 우아한 회녹색 비단옷이 가슴과 등에 수놓은 용과 거북 등딱지로 만든 갈색 혁대로 시선을 끌었다면, 딸이 입은 세련된 비단옷은 단순하면서도 기품 있는 디자인의 짧은 연두색 저고리, 흰색 동정과 소매 끝동 그리고 눈부신 다홍치마로 더더욱 나를 매료시켰다.

딸은 조선 풍습에 따라 가운데 가르마를 타고 머리를 뒤로 넘겨 틀어 올린 뒤 두툼한 은비녀로 고정시켰다.

식사가 끝나고 안주인이 내게 인사를 했을 때 그녀가 입은 수수하면서도 조화를 이룬 옷도 금세 눈길을 잡아끌었다. 하얀 동정에 다홍색 깃과 다홍색 소매 끝동을 단 은은한 노랑 저고리였다. 붉은 벽돌색의 기다란 치마는 긴 매듭이 달린 하얀색 넓은 허리띠로 졸라매었다.

여성의 의복이 중국인과 일본인과 조선인 사이에 큰 차이는 나지 않을지 모르지만 분명히 그 민족의 성격을 반영한다. 조선의 패션에서는 단순함과 조화, 아름다움과 청결함에 대한 감각이 디자인과 색깔의 조합에서 드러난다. 여기서 내가 '패션'이라는 말을 쓴 이유는 조선의 의복 형태도 변하기 때문이다. 단지 그 변화가 오랜 시간적 격차를 두고 아주 느린 속도로 진행될 뿐이다.

오후에 이 모 씨는 그가 수집한 조선의 고대 역사서와 족보, 소중하게 말아서 상자에 보관했던 그림들을 보여주었다.

일본 집들과 달리 나는 조선의 주택 어디에서도 ─그리스도교를 믿는 가정을 제외하고는─ 종교적 믿음을 나타내는 표식이나 불교식 가내 제단을 보지 못했다.

그날 밤을 묵고 가라는 간절한 요청을 받았지만 나는 늦은 오후에 작별을 하고 그 집에서 경험한 것들을 즐겁게 되새기며 말을 타고 하우고개로 돌아왔다.

제 7 장
조상 숭배를 접하다

서울 성곽 바깥에 있는 공동묘지가 나에게 강한 인상을 준 적이 있다. 눈을 돌리는 곳마다 풀이 약간 돋아난 무덤이 줄지어 있었다. 나는 조상 숭배가 이렇게 큰 의미를 가지고 있다는 것을 이후에 관찰을 통해 깨달았지 당시에는 전혀 짐작도 하지 못했다.

내가 몇 년 동안 방문했던 수많은 집들 어디에서도 종교적 숭배를 나타내는 불상이나 그 비슷한 표식을 보지 못했다고 앞에서 잠깐 이야기했다. 그러나 집에는 국외자의 눈이 닿지 않는 곳에 고인이 된 부모, 조부모 나아가 3대조까지를 모시는 조상의 위패가 있다. 이것은 나중에 알게 된 사실이다.

먹으로 고인의 이름만 적어 넣은 25센티미터 길이의 좁다란 위패는 나무 상자에 끼워져 있다. 조선 사람들의 오랜 믿음에 의하면 그 위패에 돌아가신 분의 영혼이 머물기 때문에 집안의 수호신처럼 고인에게 제사를 지내 영혼을 '위로해' 드려야 한다. 집안의 아버지나 장남은 −이들만이 조상을 모실 의무가 있다− 대개 매달 1일과 15일에 밥을 주발에 담아 올리고 물이나 술 몇 방울을 땅에 뿌린다. 그렇게 함으로써 충분히 예를 표했다고 그들은 생각한다. 과거에 상복은 아버지가 돌아가시면 3년 동안 입고 어머니 상을 당했을 때는 1년간 입어야 했다. 돌아가시고 처음 몇 달 동안 자식들은 탈색시키지 않은 거친 누런 삼베 바지, 조끼, 술이 달린 두루마기, 짚신, 흰색 두건을 착용해야 했지만 지금은 벌써 유럽식 검은 상장에 밀려났다. 최근에도 제사를 지내는지는 나로서는 알 길이 없다. 사회적, 경제적 빈곤에 따른 급격한 주거 변화와 이동으로 인해 묘를 소홀히 할 뿐 아니라 조상 숭배까지도 그만두게 되지 않았을까 추측해 본다.

조선인들은 고인의 영혼을 혼령이라고 생각했지만, 대부분 행운보다 불행을 가져다주는 사악한 귀신으로 보았다. 귀신은 옛날에 살던 주거지에 붙어 있다. 이 주거지를 포기하면 '나쁜' 영향이 그치고 그 자리에 다른 사악한 귀신이 들어온다. 조상 숭배에 지속적으로 영향을 준 것은 자식들의 효심보다는 오히려 이런 귀신에 대한 믿음이다. 이 부분에서 공자의 사상은 이미 오래 전에 그 윤리적 영향력을 상실했다.

성묘도 일 년에 한 차례만 하는데 묘에 가서 잡초를 뽑고 제물을 올린다.

장례식은 성대하다. 여기서 나는 무당이나 주술사가 임종 자리에서 외는 주문, 임종 직후의 풍습, 곡(哭), 장례 행렬, 묘에서 치르는 의식, 작은 가마에 위패를 모시고 유족의 집으로 돌아오는 엄숙한 행렬, 막대한 양을 차리는 장례 음식과 술잔치는 묘사하지 않고 내가 기이하게 생각한 것만 이야기하겠다.

아직 하우고개에 있을 때였다. 이웃집의 아버지가 위독했다. 샤먼과 유사점이 많은 도사가 병자에게 붙은 귀신을 몰아내려고 미친 듯이 북을 두드리고 바라를 울렸다. 병자는 혼이 나간 것 같았다. 그는 조용히 하라고 말하지 않고 오히려 그 소음이 귀신을 쫓아내는 데 적절하다고 생각하는 듯했다. 그 순간 갑자기 마루로 통하는 문이 활짝 열리고 큼지막한 관이 들어와 병자 앞에 놓였다. 그는 마지막 안간힘을 쓰며 몸을 일으키고 나무관을 살펴보더니 좋은 관을 마련해준 아들들에게 고맙다고 말하고 영원히 눈을 감았다. 그는 아들들이 의무를 다한 것은 물론이고 분에 넘치게 행동했다는 생각 속에 세상을 떠났다. 이 관습이 서양인에게는 잔인하고 비인간적으로 보일지 모르지만 세상을 떠나는 사람에게는 자식들의 헌신과 효심을 보여주는 증표였다.

조선인들은 공자의 선례를 좇아 사후의 삶에 대해서는 생각하지 않는다. 그들은 '영혼'이 위패에만 머무는 것은 불가능하고 위패와 무덤 사이를 불안하게 오가며 가족들이 바치는 제사와 행동을 주시한다고 믿는다. 조상을 기리는 후손들의 마음은 한동안 조상을 물질적인 세계와 연관시키지만 언젠가는 그들에게도 망각의 순간이 찾아온다.

아미타불을 숭상하는 대승불교는 이 형이상학과 초월적 관념의 결핍을 선과 악에 대한 되갚음인 업보 사상, 낙원에 대한 믿음, 하나 혹은 무한히 많은 지옥에 대한 믿음으로 메우고자 했다. 그러나 불교도 삶에 대한 염세적 태도 때문에 보편화되지 못했다. 어쩌면 이 모든 것들이 그리스도교가 어느 정도 발전할 수 있는 가능성을 열어주었을지 모른다.

조선은 최후의 황제가 승하했을 때 마지막으로 대대적인 장례식을 거행했다. 수개월 동안 서울의 거리와 동대문 바깥에서는 상여 메는 연습을 했다. 관을 얹은 나무틀을 500명의 상여꾼이 메고 관이 흔들리지 않게 사뿐히 운구하는 것이 쉽지 않았기 때문이다. 두 명의 선소리꾼이 상여 위에 놓인 관 앞뒤로 서서 상여꾼들이 똑같은 속도로 발을 내딛도록 요령을 동시에 울리며 앞소리를 메겼다. 상여 아래에서는 64명의 남자들이 육중한 횡목을 어깨에 메고 갔고, 그 옆에서는 30분마다 교대로 상여를 멜 보충 인원이 함께 행진했다. 나머지 남자들은 군주의 담비털 외투 자락을 잡듯이 네 개의 기다란 띠를 쥐고 갔다.

장례 행렬에서는 나무로 뼈대를 만들고 거기에 종이를 발라 실물보다 크게 만든 동물 형상들도 끌고 가서 능 옆에서 불에 태웠다. 야만적인 시대에 산 채로 순장하고 훗날에는 상징적으로 순장했던 풍습을 연상시키는 옛 시절의 잔재였다. 마지막 황제가 능으로 모셔지는 광경은 장엄하고 인상적이었다.

황제의 능은 안쪽을 벽으로 둘러싼 평범한 현실(玄室)로 되어 있는데 그 위에 판을 덮고 약 10미터 높이의 봉분을 쌓아올렸다.

반달 모양의 흙담에 둘러싸이고 경사진 언덕에 기대어 있는 봉분은 왕에게 바치는 존경의 표시로서 아직도 위엄을 풍기고 있다. 여러 왕들의 실록과 지금도 남아 있는 서울 근교의 거대한 봉분에서 드러나듯이 과거에는, 특히 고려시대(936-1392)와 조선시대(1392-1910) 초기에는 더 호화롭게 왕을 장사지냈다.

조선에 체류하던 첫 해에 나는 그런 왕릉을 한 곳 찾아갔다. 서울에서 북동쪽으로 약 40킬로미터 떨어진 곳에 있는 능이다. 나와 함께 간 사람은 옛날 공부를 한 조선인 선비였다. 그 분은 내게 태조대왕(재위 1392-1399)에 대해 많은 이야기를 들려주었다. 평범한 집에서 태어난 태조는 젊은 시절 양을 돌보는 청년이었다. 한번은 그가 기이한 꿈을 꾸었다. 꿈에서 높은 산에 올라갔다가 구름이 덮쳐와 산에서 굴러 떨어졌다. 그는 머리를 심하게 다쳐 의식을 잃고 누워 있었다. 그때 갑자기 양치기 한 명이 "와, 와." 하며 양떼를 모는 소리를 냈다. 태조는 이 소리에 깨어나 머리를 만져보았다. 그랬더니 관자놀이 주변에 고리가 둘러쳐진 것처럼 머리가 아팠다.

이야기가 너무 단순하고 아무 의미도 없는 것처럼 여겨졌기에 나는 그것이 사람들 입을 통해 전설로 전해 내려온 까닭을 이해할 수 없었다. 그래서 물어보았다.

"사람들은 그 꿈을 어떻게 풀이했습니까?"

"소년은 해몽장이에게 갔습니다. 해몽장이는 한참 이리저리 생각하더니 마침내 양의 첫 글자인 야를 와로 바꾸었습니다. 그래서 양이 왕이 되었지요."

"자네는 장차 우리 백성의 왕이 될 것이네!" 해몽장이는 이렇게 외치고 몸을 일으켜 소년에게 절을 하며 말했다고 한다. "꿈이 이루어지거든 나를 모른다고 하지 말게!"

나의 스승은 잠시 쉬었다가 이야기를 계속했다.

"젊은 양치기는 이런 꿈도 꾸었습니다. 이번에는 커다란 참나무 밑에 누워 푸른 산과 파란 하늘을 흡족하게 바라보았습니다. 그러다 잠이 들었는데 꿈에서 갑자기 자신이 애지중지하는 양의 뿔과 꼬리가 떨어져 나갔습니다. 소년은 다시 해몽장이에게 갔지만 이번에 해몽장이는 젊은이에게 해몽을 해줄 자격이 없다며 꿈풀이를 거부했습니다. 젊은이는 부모의 강요로 금강산에 있는 큰 절 장안사(영원한 평화의 절)로 순례를 떠나 거기에서 꿈 이야기를 했습니다. 둘러앉은 스님들은 묵묵히 듣기만 하고 아무도 해몽을 해주지 않았습니다. 그때 나이 든 주지스님이 양을 뜻하는 한자[羊]를 바닥에 썼습니다. 이 글자는 두 개의 점 밑에 세 개의 가로선이 있고 세로선 하나가 위에서부터 마지막 가로선 아래까지 내려오면서 글자를 반으로 나누는 형상이었습니다. '양의 뿔이 떨어져 나갔겠다.' 주지스님은 혼잣말을 하며 위쪽의 점 두 개를 지웠고, '꼬리도 없어졌다.'고 말하며 맨 아래 가로선 밑까지 내려온 획을 지웠습니다. 이렇게 해서 새로운 글자 모양이 탄생했습니다. 가로선 세 개가 중간에 걸쳐 있는 세로선에 의해 연결되어 임금을 뜻하는 글자 왕이 생긴 것입니다. '자네는 장차 왕이 될 걸세!' 학식 있는 스님은 놀라서 소리치며 일어나 깊게 절을 하여 예를 표했습니다. 나머지 스님들도 주지스님이 하는 대로 따라했습니다. 그러나 젊은 이는 겸손하게 자기가 돌보던 양떼한테 돌아갔습니다. 훗날 그는 전쟁으로 극심한 위기가 닥치자 나라를 지키기 위해 불려가 군대의 지휘관으로 두각을 나타냈고, 장군이 되어서는 조국을 구하고 이 나라에 새 왕조인 이씨 왕조를 세웠습니다."

선비는 이야기를 마쳤다. 나는 평화를 사랑하는 왕 태조가 백성들에게 존경과 인정을 받았고 그로 인해 사람들이 그에게 크고 귀한 능을 조성해 바쳤다는 것, 또 언어와 문자가 백성들 사이에서 전설이 만들어지고 지속되는 계기가 되었다는 것도 알았다. 양이 왕으로 바뀐다는 첫째 전설은 언어를 통해 운을 맞추는 식으로 형성되었고, 둘째 전설은 한자로 인해 발생했다.

나의 이런 생각에 내 길동무도 동의했다.

이런저런 이야기를 나누고 생각에 잠기는 동안 우리는 소나무 숲과 전나무 숲이 다른 곳과 달리 잘 보존된 광활한 계곡에 도착했다.

폭이 넓고 손질이 잘 된 숲길이 2킬로미터 가량 정자각(丁字閣)까지 곧게 뻗어 있었다. 길 좌우로는 수백 년 묵은 침엽수들이 서 있었다. 그야말로 신비한 정적이 감돌았다. 거대한 나무들이 고개를 늘어뜨리고 이 낯선 방문을 내려다보았다. 수년 동안 이 숲속 성전에 발을 들여놓은 사람은 산림 관리인을 빼면 거의 없을 것이기 때문이다.

정자각에 닿기 직전에 홍살문이 있었다. '붉은 화살 모양의 나무가 박힌 출입문'이라는 뜻이다. 지붕 없이 서 있는 15미터 높이의 인상적인 기둥 두 개가 위쪽에서 격자 모양의 횡목에 의해 연결된다. 기둥을 지나면 폭이 8미터쯤 되는 길이 나 있다. 횡목의 격자는 모두 화살 모양이고 기둥과 똑같이 붉은 색이다. 격자 중앙에는 조선의 문장이 붙어 있다. 요동치는 올챙이 몸 같은 곡선이 둘로 나눈 원으로, 상대를 쫓아가면서도 서로 붙어서 끝없이 순환하는 빛과 어둠, 선과 악의 상징인 고대 중국의 음양 형상이다.

인도에 있는 '함피의 돌저울'[24](프로베니우스 참조)이나 산치의 대탑 앞 돌문[25]에서 시작하여 여러 부분으로 구성된 중국의 패루[26],

---

24 인도의 함피(Hampi)에 있는 조형물. 두 개의 화강암 기둥 위에 가로로 화강암 횡석이 올려 있다. 14세기에서 17세기 사이에 번성한 남인도의 힌두 왕조 비자야나가르 왕국의 왕들은 특별한 행사가 있을 때면 가로로 올려놓은 횡석에 저울을 매달고, 한쪽에는 왕이 앉고 다른 한쪽에는 왕의 몸무게만큼 금이나 보석을 올려놓아 잰 다음 그것을 승려들과 가난한 이들에게 나누어주었다.
25 인도 산치(Sanchi)에 있는 대탑은 기원전 2~1세기에 아소카 왕이 건설했다. 대탑을 중심으로 동서남북 네 곳에 높이 10미터 가량의 돌문이 세워져 있다.
26 패루(牌樓) : 예전에 중국에서 큰 거리에 길을 가로질러 세우던 시설물이나 무덤이나 공원 등의 입구에 세우던 문. 도시의 아름다운 풍경과 경축의 뜻을 나타내기 위하여 세웠다.

명나라 황제의 능 앞에 세워진 문, 일본의 상징인 도리이[27], 그리고 이곳의 독특한 문까지 오는 길은 머나먼 여정이다. 앞의 문들이 진정한 의미에서 닫힌 문이 아니듯이(사실 닫아둘 것이 없다), 조선의 홍살문도 혼령들이 지나가는 상징적인 문으로 보지 않으면 우리는 그 의미를 파악하기 힘들다. 텅 비어 있는 정자각의 제실이 ─위패 앞에 소박한 제상(祭床)이 있을 뿐이다─ 몇 킬로미터에 달하는 길이 일직선으로 끝나는 지점에 놓이지 않고 직각으로 굽은 곳에 있다는 점, 또 15미터 높이에 위치한 거대한 봉분도 마치 일직선으로 날아오는 '악귀들'을 속이려는 듯이 옆으로 비켜서 있다는 사실이 이런 설명을 뒷받침한다. 정자각 옆에 있는 비석은 왕의 생몰연도와 행적을 알려준다. 봉분은 흔히 하는 대로 기와를 얹은 초승달 모양의 담이 둘러싸고 있다. 봉분 바로 앞에는 화강암을 매끄럽게 다듬어 만든 육중한 혼유석(魂遊石)이 나지막한 받침돌 위에 얹혀 있다. 혼유석은 길이가 3미터, 너비가 1.5미터, 두께가 80센티미터인 네모돌이다.

봉분 좌우에 있는 석상들, 즉 문석인(文石人)과 무석인(武石人),

---

27 도리이(鳥居) : 일본 신사(神社)의 경내로 들어가는 입구를 나타내는 의식적인 관문. 대개 2개의 원통형 수직 기둥 위에 직사각형의 들보가 가로로 2개 얹혀 있는 것이 특징이다.

거기에 딸린 석마, 석호, 석양 같은 동물상들은 벌써 상투적인 방식으로 만들어져서 앞 시대인 고려 때의 수준 높은 예술성을 보여주지 못한다.

태조대왕의 능인 고요한 '건원릉'은 마지막 왕조를 세운 건국자의 위용을 드러낸다. 조선 통일의 기념인 이 유적지도 지금은 잊힌 채 양주 계곡에 묻혀 있다.

여기서 나는 왕릉을 참배했던 이야기를 중단하고 아주 오래 전 시대의 고분에 관해 말하고자 한다.

같은 해 여름, 나는 정부의 특별 초청으로 고구려 시대(기원전 37-기원후 661)의 귀중한 명승 유적지 몇 곳을 가보았고, 4장에서도 언급했듯이 고분 발굴과 복원 작업에도 참여할 기회를 얻었다. 그 고분은 고구려 북서쪽의 평양과 해주 사이에 우현리라는 곳에 있는 옛날 왕들의 능이다.

몇 년에 걸쳐 그곳에서 8기의 고분을 발굴하고 일반에 공개했다. 전 세계 미술가들의 이목을 집중시킨 고분들이었다. 그에 관한 자세한 묘사는 나의 『조선미술사』에 나와 있으므로 여기에서는 일일이 설명하지 않겠다. 내가 때로는 발굴위원회의 책임자 자격으로 현장에서 실시한 발굴 작업은 실로 놀라웠다.

고분은 계속적으로 훼손, 도굴되었고 도굴꾼들이 위쪽에 뚫어

놓은 구멍과 그곳으로 스며든 물과 습기로 인해 손상을 입었다. 따라서 우리는 조심스럽게 작업에 착수해야 했다. 제단석 밑에서 시작되는 계단은 콘크리트처럼 단단한 자갈을 쏟아 부어 일부러 막아놓았는데 우리는 이것부터 치우고 들어갔다. 놀랍게도 우리가 들어간 여러 기의 고분에서는 -범상치 않은 장식으로 보아 그 고분들은 왕과 제후의 능이 분명했다- 옛날 토기, 항아리, 단지, 접시, 사발 조각들이 대부분 처참하게 깨진 상태로 1-3개의 앞방에 여기저기 흩어져 있었다. 다른 유물을 통해 짐작하건대 똑같이 수준 높은 예술적 솜씨로 만들어졌을 금은 세공품과 의복, 검, 장식도 모두 도난당했다. 그러나 남아 있는 건축 구조와 벽장식, 상징적인 대규모 벽화들은 수백 년 세월의 풍상에도 불구하고 놀라울 정도로 양호한 상태로 보존되어 있어서 애쓴 보람이 있었다.

고분의 전체적인 구조는 이집트 피라미드의 묘실을 연상시켰다. 그러나 조선의 묘실은 높지 않아서 돌림띠까지의 높이가 약 2.5 미터이다. 그 위에 이른바 천창이 솟아 있는데, 네 귀퉁이 위에 놓인 가로 굄돌로 인해 반구 천장 같은 인상을 준다. 이런 건축 형태는 지금도 아프가니스탄과 그 주변 국가들에서, 특히 농가에서까지 볼 수 있으며 아마도 그곳에서 유래했으리라 생각된다. 여하튼 중국에는 이런 형태가 없다. 일부 고분에서는 돌림띠가 계단식으로 올라가면서 위로 갈수록 좁아지다가 천창 부분에서 마무리된다. 표면마다 예술적인 취급 솜씨와 약동하는 기운이 느껴졌다. 어디에 눈을 돌리더라도 매번 새로운 형상이 그려져 있었고, 선 장식과 꽃문양에 나타난 신선하고 경쾌한 필치와 부드러운 색감은 로마네스크 미술이나 르네상스 미술에서도 만나기 어려운 조화를 보여주었다. 사이사이에 새, 상상의 동물, 별자리, 양식화된 구름, 뛰어가는 노루, 토끼와 그밖의 동물이 묘사되어 있고, 마지막에 천장을 덮은 덮개돌에는 ─발굴된 8기 고분 중 최소한 두 곳에서─ 용을 그려 넣어 동물과 식물 세계를 마무리했다.

나는 조상 숭배와 직접 연관이 있는 이 귀중한 예술품들이 혼란한 전쟁기에 파괴될 가능성이 있으므로 여기에서 빼놓지 않고 묘사해야 한다고 생각한다.

우리는 때에 따라 촛불과 손전등을 번갈아 사용하며 작업했다. 일부 벽화는 플래시를 사용하여 사진을 찍었고 벽화 윗부분은 꼼꼼하게 모사했다. 나는 꼬박 한 시간 동안 수채화를 그렸다. 장식 문양을 모사한 내 수채화는 일본어로 간행된 『코세키 즈후』[28]에

---

28 『조선고적도보(朝鮮古跡圖譜)』: 일제 강점기 때 조선총독부가 한국의 고적 조사사업을 진행하고 그 성과를 사진과 도면으로 모아 도쿄에서 펴낸 책. 1915~1930년까지 15년간에 걸쳐 완성했다. 낙랑 시대부터 조선시대까지의 고적을 위주로 하고 각종 유물의 도

실리고 내가 쓴 『조선미술사』에도 수록되었는데, 기대와 달리 성공작이라 오랜 세월 습기로 생긴 푸른 녹과 벽의 색감을 생생하게 재현하고 있다.

지금까지 나는 천장의 마무리, 돌림띠와 계단에 그려진 그림에 대해서만 이야기했다. 이 장식들이 아무리 흥미롭고 매혹적이라고 해도 일부 묘실의 손상된 벽화나 훨씬 뚜렷하게 남아 있는 다른 묘실의 벽화에는 훨씬 미치지 못한다.

여러 고분에 있는 묘실들은 기원후 4세기에서 6세기 사이에 축조되었으니 지금부터 1500년 전의 것들이다.

옛 조선인들의 조상 숭배에 굳게 따라다니던 믿음에 의하면 죽은 이는 주술적인 조건이 갖춰져야만 무덤에서 안식을 찾는다고 한다. 풍수학자의 눈이 산과 나무와 구름과 바다의 외형적 모습에서 찾아내려고 했던 네 마리의 상징적 동물이 바로 그 조건에 속한다. 이 네 마리 동물은 동서남북 네 방위와 관련이 있다. 최근의 연구에서 밝혀진 것처럼 조선이 스키타이, 사르마티아, 중앙아시아, 북아시아 지방으로부터도 동시에 영향을 받은 게 아니라면 이 사상은 이웃나라 중국에서 전해진 것이다. 나는 이곳 고분에서도

___

판을 수록했다.

그 사상을 발견했다.

우현리 고분에서는 중국의 사상이 독특하게 수정되었을 뿐 아니라 참된 예술적 방식으로 새롭게 형성되었다. 묘실 북쪽 벽에는 놀랍도록 생생하게 거북이 묘사되어 있다. 그런데 거북 혼자가 아니라 뱀과 싸우는 모습이다. 거북은 벌써 뱀에 휘감겨 있다. 거북은 적이 내리누르는 중압감을 느낀다. 위태로운 운명에서 다급하게 벗어나려고 한다. 뱀은 이미 승리자가 된 듯하다. 그때 죽음의 공포에 사로잡힌 거북이 고개를 돌리고 목을 뻗쳐들며 저항한다. 두 동물은 최후의 결투를 위해 적개심 가득히 머리를 맞세우고 혀를 날름거리고 헐떡이면서 서로 분노의 불길을 내뿜는다.

생명력과 따스함과 운동감으로 충만하면서도 심오한 상호 관계를 멋지게 표현한 대단한 걸작이었다. 모든 사신도(四神圖)가 그렇듯이 이 그림에서도 거북은 날개를 달고 있어서 상상 속의 동물이라는 것을 나타낸다.

나는 이 진기한 그림을 오랫동안 바라보았다. 예부터 거북은 용과 그리핀처럼 행운을 가져다주는 영계의 피조물에 속한다. 게다가 거북은 영원한 삶을 선사하는 불멸의 표시이다. 그에 반해 뱀은 예부터 불행을 몰고 오는 악령으로 취급되었다. 결국 우리가 벽화에서 보는 것은 선한 영혼과 악령의 싸움이다. 달리 말하면, 불멸의 거북이 단명한 뱀과 싸우는 모습, 영혼과 육체, 정신과 물질이 싸우는 모습이다.

고대 이집트나 고대 그리스 미술에서 삶과 죽음의 투쟁이 이보다 더 생생하게 묘사된 것이 과연 있을지 의문이다. 이 세계관은 중국의 유교와 공통점이 없다. 이곳의 고분 벽화는 민족 신앙이 어느 특정 시기에 경직된 유교 사상의 사슬을 끊고 자기 고유의 세계관을 형성하려고 했고 선악의 영계와 더불어 평화롭게 살고자 했음을 보여준다.

우현리 고분에서 받은 인상은 내가 동아시아 체류 때 받은 인상 중에서 가장 오랫동안 잊히지 않는 인상의 하나였다. 내게는 수많은 의문이 밀려들었다. 이런 예술품을 만든 힘은 무엇이었을까? 당시의 문화는 무엇을 모범으로 삼았을까? 여기에서 제사를 바칠 때 조상 숭배는 어떤 형태로 표현되었을까? 당시 적어도 300년 전부터 한자가 교양인의 상식이었는데 왜 글자를 사용하지 않았을까?

그때 함께 작업했던 사람도 이 모든 의문에는 대답하지 못했다. 그 사람에게는 내 질문이 새삼스러웠고 도리어 그의 마음속에 다른 여러 의문들을 불러일으켰다. 이것은 고분에서 하루의 작업이 끝나고 귀가할 때 그 사람이 옆에서 과묵하게 걷기만 하고 가끔씩 내게 질문을 하던 모습에서 알 수 있었다.

어쩌면 나는 문화의 연관성을 규명하려는 사람의 입장에서, 전승된 모든 것을 당연하게 받아들이고 왜 그런지 묻지 않는 토착민과는 다른 눈으로 보았을 것이다.

제 8 장
불교의 낙원

  내가 조선에서 지내는 동안 찾아갔던 수많은 불교 사찰을 생각
해 보면 −300여 곳쯤 될 것이다− 사실 어디서부터 이야기를 시
작해야 할지 모르겠다. 당시 조선에는 31개의 본사와 1305개의
말사가 있었다. 지금과 같은 혼란기라면 그 평온한 사찰들이 많이
파괴될지도 모르겠다. 그런 만큼 사찰을 지배하는 삶과 일상을 독
자에게 간단히 알리는 것이 중요하다고 생각한다.

  불교는 세계적 종교의 하나이다. 유럽의 불교 신자들이 불교를
순수한 철학 체계로 보고 그런 의미에서 불교도가 되었지만, 이는
동아시아 사람들이 부처의 가르침과 그것이 삶에 끼친 영향에 대

해 갖고 있는 견해와는 근본적으로 다르다. 나는 여러 불교 사찰을 방문하여 며칠 혹은 몇 주일을 그곳에서 머물면서 많은 대화를 나누었다. 내게는 이것이 조선에 대한 가장 흥미로운 기억의 하나로 남아 있다. 그때 내가 확인한 바에 의하면 조선의 사찰에서는 부처를 인간에게 이기심과 번뇌 극복의 길을 제시한 구제자로 보는 것은 물론이고, 더 나아가 아미타불이 극락의 주재자로서 모든 희생과 극기를 업보를 통해 낙원에서 수천 배로 보상한다고 생각하고 있었다. 이런 사고가 해탈하여 열반에 든다는 생각보다 훨씬 강하게 작용했다.

그러나 조선에서 불교는 미술의 낙원이라는 또 다른 의미로도 해석될 수 있다. 이 문제는 나중에 이야기하겠다.

몇 시간에 걸쳐 개울과 장대한 바위, 고향 생각이 나는 참나무 숲과 소나무 숲, 그리고 앞에서 자주 언급했던 기분 좋은 정적을 느끼며 걷는 계곡 길은 모든 방문객을 사로잡았고 나 역시 그 매력에 푹 빠졌다. 그때 갑자기 멀리서 둔탁한 북소리와 징소리가 울려 퍼졌다. 반복되는 그 소리는 점차 빨라지다가 연타로 울리면서 정점에 이른 후 다시 잦아들었고 마침내 길게 끄는 마지막 타종 소리로 끝을 맺었다. 다양하게 퍼져가던 메아리도 희미해졌다. 형언하기 힘든 정적이 다시 나를 에워싸면서 이끼 긴 부드러운 바닥을 밟는 소리조차 들리지 않았다.

징소리는 함께 기도하고 명상을 하자는 신호였고 나도 그렇게 믿고 있었다. 그런데 나중에 들은 바에 의하면, 부처가 예불에 주목하게 하려고 치는 징은 직급이 있고 보수도 받는 승려만이 칠 수 있다고 한다. 전각이 여러 채인 경우에는 당연히 북과 종도 여러 번 친다. 징소리는 깨끗한 종의 울림처럼 길게 여운이 남았다. 험준한 암석과 현기증 나는 높은 봉우리, 때로는 냇물이 흐르는 개울가 바위에도 돌을 쪼아 크고 작은 글자로 '나무아미타불'을 새기고 검정과 붉은 색 먹으로 채워 넣었다. '나무아미타불'은 극락의 부처 "아미타불에게 귀의한다."는 뜻이다. 절에 가까워질수록 이 글귀는 반복적으로 나타나 방문객의 상념 속에 아미타불의 이름을 선명하게 각인시켰다. 그로 인해 방문객은 자동적으로 이 글귀를 따라 말하게 되고 불교의 성전이며 미술의 낙원인 사찰에 들어갈 마음의 준비를 한다.

여기서 자세한 내용을 이야기하기에는 지면이 부족하다. 지금 내가 염두에 두고 말하는 금강산의 유명 사찰들은 전체적으로 규모가 컸다. 그 사찰들은 여러 개의 산문(山門), 본전과 법당과 강당, 결혼한 승려와 독신 승려를 위한 승방, 참배객을 위한 공간이 들어선 작은 도시이다. 하지만 더 중요한 것은 중국이나 일본과는 전혀 다른 법당의 장식이다. 방문자의 상념은 벌써 앞으로, 위쪽으로 달려간다. 사찰에 도착한 나는 일상의 걱정거리에서 벗어나 넓은 경내에 발을 들여놓았다. '브라마' 종이 걸린 종각이 이곳에 있다. 출입문 문살 위에 걸린 현판에는 금색 글씨로 범종이라고 적혀 있다. 회색 장삼을 입고, 어깨에는 수를 놓은 자루 모양의 홍가사를 두르고, 머리에는 고운 말총으로 짠 공 모양의 관을 쓴 스님이 내게 다가와 합장하며 허리를 깊숙이 구부려 인사했다. 나도 감사의 마음으로 답례했다. 사찰과 법당을 둘러볼 수 있느냐고 내가 묻자 스님은 어서 오라는 몸짓으로 '소생'—그 자신을 가리키는 말이다—의 안내를 받으라고 했다.

이윽고 활기찬 문답이 시작되었다. 우리 두 사람은 새로운 사실을 배우고 서로의 지식을 보완하고 싶었다.

우선 나는 종 이름이 왜 범종이냐고 물었다. 불교는 인도의 브라마 숭배와는 전혀 무관하지 않은가!

오히려 그 반대라는 대답이 돌아왔다. 부처의 가르침은 고대 인도의 종교적 교리를 기반으로 세워졌기에 그 교리 없이는 생각할 수 없을뿐더러, 브라마, 비슈누, 인드라 같은 고대 인도의 신들도 계속 경배의 대상이고 조선의 토착신까지 불교 교리로 수용되었다고 했다. 극락은 커다란 세계이므로 자비를 베푼 사람이면 누구나 극락에 받아들여진다는 것이다.

나는 이 사상이 마음에 들었다. 중국과 조선에서 수백 년 동안 많은 폐단을 낳고 내가 갖고 있던 불교의 관용에 대한 믿음을 크게 뒤흔든 불교 신자와 도교 신자와 유학자들 사이의 종교 전쟁이 생각났지만 말이다.

종은 높이가 2미터는 족히 되었고 한자, 산스크리트어, 티베트어의 3개 언어로 명문이 새겨져 있었다. 그 글자들을 읽을 줄 아느냐고 스님에게 물었더니 그는 한자는 어느 정도 알지만 나머지 두 언어로 쓰인 글은 모른다고 솔직하게 대답했다. 그는 산스크리트어 문자를 '범서(梵書)'라고 한다는 것은 알지만 산스크리트어와 티베트어의 차이에 주목한 적은 없다고 했다. 우리 유럽인들 같았으면 그 자리에서 알아채고 자세히 살펴보았을 것이다. 나는 스님에게 서로 다른 글자체에 대해 설명하면서, '범서'라고 하는 브라마 문자는 산스크리트어인데 대부분의 불경이 산스크리트어로 적혀 있다고 말하고 명문은 "아미타불과 그의 가르침과 교단에 귀의한다."는 뜻이라고 번역해 주었다.

스님은 다시 고맙다고 말했다. 지금까지 그에게 이런 내용을 알려준 사람은 한 명도 없다고 했다. 실제로 조선 스님들 중에 학식이 있는 승려는 소수에 불과하다. 많은 승려들이 산스크리트어로 쓰이고 인쇄된 불경을 욀 수 있는 것은 한자와 한글로 발음이 적혀 있기 때문이다. 내용 자체를 이해하는 사람은 많지 않다.

나는 조선인 참배객이 한 명도 없는 것을 보고 놀랐다. 조선에서는 15세기 초부터 불교가 더 이상 민족 종교가 아니었다. 등록된 신자 수는 1939년 통계에 의하면 10만 명이 채 되지 않으니 그리스도교 신자의 5분의 1정도이다. 조선 사람들은 불교 신자가 아니다. 여자들은 자식을 갖고 싶을 때 절을 찾아가고 장례식에 스님을 부르기도 한다. 해마다 석가모니의 열반일이 되면 절은 대목장이 설 때처럼 많은 방문객으로 북적거리지만 평소에는 한산하여 스님들은 방해받지 않는 일상을 보낸다.

나의 스승이 내 생각을 읽은 듯했다. 내 고향에서도 사찰이 한산한지, 그곳에 불교 신자가 많은지, 스님들이 탁발로 사는지 아니면 일을 해서 살아가는지 등, 많은 것을 물었기 때문이다.

지금 내가 이야기하는 '유점사'(느릅나무 절) 안뜰 한가운데에는 석탑이 서 있다. 위로 갈수록 좁아지는 9층탑, 더 정확히 말하면 9단 돌림띠 탑이다. 이 탑은 중국의 탑들처럼 안에서 사람이 살거나 위로 올라갈 수 있는 건축물이 아니라, 부처의 제자의 유해나 유해를 태운 재 위에 세운 기념물이다. 이런 탑은 중국이나 일본의 탑과는 모양이 다르고, 이름은 스투파에서 유래했지만 인도의 탑과도 형태가 다르다. 탑은 이 모든 나라들에서 불교의 상징이다. 탑은 그 단순함을 통해 스님들의 무욕을 구체화한다. 사찰이 놀라울 정도의 예술 감각으로 화려하고 으리으리하게 치장되었지만 스님들 개개인은 검소하게 살아가기 때문이다.

나를 안내하겠다는 스님의 뜻에 따라 나는 극락전부터 잠깐 들여다보았다. 극락은 낙원을 달리 표현한 말이고 극락전은 '완벽한 음악의 성전'[29]이라는 뜻이다. 이곳은 나중에 더 찬찬히 둘러보기로 하고 나는 스님을 따라 강당으로 가서 80명의 승려를 거느린 이 절의 주지스님을 소개받았다. 나이가 40대인 주지스님은 다른 승려들과 똑같이 머리를 삭발했다. 그의 지위를 나타내는 자색의 널찍한 장삼이 호리호리한 몸을 감쌌고 발에는 고무신을 신고 있었다. 주지스님의 인사는 무척이나 정중했다. 그가 건넨 첫마디의 하나는 내가 조선말을 잘한다는 것이었는데 그로써 우리의 소통이 시작되었다. 스님은 곧바로 나를 점심에 초대했다. 배가 상당히 고팠지만 나는 이 나라 예법대로 사양했다. 그러나 계속된 스님의 권유에 나는 감사하는 마음으로 초대를 받아들였다. 내가 안내를 받고 들어간 옆방에는 깨끗한 방석이 깔려 있었고 밝은 창호지

---

29 저자는 '즐거울 낙(樂)'을 '풍류 악(樂)'의 뜻으로만 해석했다.

문을 통해 햇빛이 한가득 들어왔다. 탁자나 의자는 없고 책꽂이가 딸린 서가 하나만 벽면에 붙어 있었다. 책의 표제를 읽은 나는 그것이 '세 개의 광주리'라는 뜻의 트리피타카[30]로 이루어진 귀한 대장경임을 확인했다. 금강경 인쇄본도 눈에 띄었다. 조선 최고의 자연미와 변화무쌍함을 자랑하는 금강산도 이 불경에서 이름을 따왔다. 금강산 최고봉의 높이는 골짜기 바닥에서부터 2000미터가 채 안 되지만, 기괴한 암석과 급경사로 흐르는 개울, 멋진 계곡과 들쭉날쭉한 봉우리가 교대로 펼쳐지는 야생의 낭만을 간직한 산이다. 유점사도 이곳 풍광에 걸맞게 −가장 가까운 마을까지 약 4시간 거리이다− 적막하기 이를 데 없는 곳에 자리 잡고 있다.

아직 불경을 다 구경하기도 전에 젊은 사미승[31]이 자그마한 밥상을 들고 들어와 내려놓고 기도하듯이 합장하며 초라한 음식이지만 먹어보라고 했다. 그는 "많이 잡수십시오!"라는 말로 음식을 권했다. 맛있는 밥과 김치와 고구마가 있었고 일종의 치즈 음식도 있었다. 콩으로 만들어 발효시킨 것인데 양질의 크림치즈처럼 맛

---

30 대장경으로 번역되는 산스크리트어의 트리피타카(Tripitaka= tri, 3 + pitaka, 광주리)는 부처의 말씀을 담은 경(經), 부처의 가르침을 따르는 사람들이 지켜야할 도리를 담은 율(律), 부처의 가르침을 연구해 놓은 논(論), 이 세 가지 큰 광주리[藏]를 의미한다.
31 출가하여 십계(十戒)를 받은 남자로, 비구(比丘)가 되기 전의 수행자.

이 좋았다. 고기와 생선을 차리지 않은 것은 동물을 죽이거나 동물의 고기를 먹지 말라는 불교의 계명에 따른 것이었다. 이 계명은 인간이 동물의 몸으로도 다시 태어날 수 있다는 윤회 사상에 근거하고 있다. 나는 이 불교의 가르침이 이상하게 생각되었다. 마찬가지로 생명이 있는 식물로도 윤회가 일어날 수 있지만 식물 섭취는 허용된다. 여하튼 음식은 훌륭하게 차려졌고 대단히 맛이 있었다.

아직 밥그릇을 젓가락으로 다 비우지 않았을 때 주지스님이 들어와 역시 "많이 잡수십시오."라고 말했다. 그는 앉아도 되느냐고 묻고 ―이것을 언급하는 이유는 교양 있는 조선인이 얼마나 예의 바른지를 알리기 위해서이다― 앉으라는 내 말에 자리를 잡고 앉아 아무 말도 하지 않았다. 내가 반짝반짝 윤이 나는 놋주발을 밀어놓고 숭늉으로 입가심을 하자 그때서야 그는 내가 예상하지 못했던 주제에 대해 이야기하기 시작했다. 영화계의 근황에 관한 것이었다. 그러나 화제는 곧 유점사 이야기로 넘어갔다. 주지스님은 이 절이 조선에서 가장 오래된 사찰일 것이라고 했다. 유점사는 2000여 년 전 53개의 불상이 인도에서 건너오면서 창건되었는데 여기에 아주 신기한 전설이 따라다닌다고 한다.

스님은 내게 유점사 창건 설화를 들려주었다.

옛날에 어느 순례자가 인도에서 물에 뜨는 종에 쇠로 만든 불상 53개를 넣고 작은 배를 타고 먼 길을 떠나 고성 포구에 닿았다. 순례자가 그곳에서 종을 땅에 내렸더니 불상들이 부처가 되어 달아났다. 고을의 수령이던 노춘이 부처들을 뒤따라갔으나 흔적을 놓쳤다. 그가 문수촌(文殊村)에 이르자 보살(깨달음을 구하는 사람)이 나타났고, 개가 지나간 길[구령(狗嶺)]을 따라가자 개 한 마리가 있었다. 앞으로 더 나아가 이대암(尼臺岩)에 도착하니 스님 한 명이 있었고, 마지막으로 노루목[장항(獐項)]에 이르러서는 노루를 만났다. 오는 길마다 노춘은 부처들의 행방을 물었는데 모두 그가 지금까지 거쳐 온 길을 알려주었다. 그래서 그는 지나온 자리마다 방금 거명한 이름들을 붙였다. 노춘이 지나면서 만난 인물과 동물의 모습은 지금도 암석 모양에서 알아볼 수 있다.

마침내 노춘은 훗날 절이 들어선 자리 근처까지 왔고 그곳에서 종소리를 듣고는 기뻐 어쩔 줄 몰라 춤을 추었다. 그래서 사찰 문 앞에 있는 고개를 '기쁨의 고개'라는 뜻의 환희령(歡喜嶺)이라고 부른다. 노춘이 종소리를 따라가니 느릅나무 가지 위에 부처들이 여기저기 앉아 있는 것이 보였다. 그는 나무가 있던 자리에 사찰을 세웠다. 이런 사연으로 현재 이 절은 '느릅나무 고개에 세운 절'이라는 뜻의 유점사(楡岾寺)라고 불린다.

주지스님은 나보고 따라오라고 하면서 그 신비의 나무를 보여주겠다고 했다.

나는 친절한 안내에 감사하며 그를 따라 본전으로 갔다. 본전의 출입문과 창문은 나무를 조각하여 짜 넣은 문살로 화려했다. 발길이 수없이 닿아 우묵 파인 돌층계를 걸어 위로 올라갔다. 네 짝으로 된 맞닫이 문이 열려 있었다. 문 옆에는 참배객들이 기도할 때 영혼을 부르기 위해 울리는 요령이 낮은 탁자 위에 놓였고, 그 뒤에는 신심 깊은 방문객이 바치는 쌀을 넣는 보시함이 있었다. 바닥에는 스님이 기도와 명상을 할 때 깔고 앉는 수수한 방석이 사방을 빙 둘러 놓여 있었다. 몇 걸음을 더 옮기니 -우리는 당연히 신발을 전각 바깥에 벗어놓았다- 순례지의 성물이 보였다. 성근 철망에 둘러싸인 인공 나무에는 가지마다 8-15센티미터 크기의 청동 불상이 서거나 앉은 자세로 여기저기 걸려 있었다. 원래는 불상이 53개였으나 내가 방문했을 때는 33개뿐이었다. 나머지는 벌써 도난당했다. 전설에 의하면 그 불상들은 기원후 5세기경에 이곳에 왔다지만, 주조 방식과 옷 모양과 주름 형태로 추리하면 중국 수나라 때, 그러니까 기원후 4-6세기의 작품일 가능성이 높다. 전설에서는 자연신 숭배가 불교와 합쳐져 있는데, 이곳에도 조선의 토속신인 산신, 칠성신 등을 모시는 전각이 있고 중국의 성현 공자와 그의 부모까지 모시는 사당도 따로 마련되어 있다. 그래서 나는 그리스도교 박해 시절의 십자고상까지 보관해 놓은 절이 있다는 말을 듣고도 놀라지 않았다.

그곳을 둘러본 후 두 번째 법당인 극락전으로 갔다. 건축가는 이곳을 찾는 참배객에게 미리 낙원을 선보이고 싶었던 모양이다. 높은 돌 기단 위에 선 이 화려한 전각은 정면의 높이가 약 15미터이고 다른 전각들과 마찬가지로 목조 건물이다. 정면에는 모두 창문을 달았고 꽃무늬와 당초문을 목각으로 새겨 문살을 짜 넣었다. 모든 문짝은 성대한 행사가 있으면 열 수 있게 되어 있어 문을 대신한다. 모서리에 있는 육중한 기둥 위에는 널찍한 돌림띠가 둘러져 있고, 그 위에는 앞으로 돌출한 서까래 위로 무거운 기와로 덮인 거대한 지붕이 2미터 가량 역시 돌출해 있다. 돌림띠와 지붕 사이에 생긴 1.5미터 높이의 공간 전체는—이 전각에서 가장 화려한 부분이다— 뿔처럼 튀어나온 묵직한 목재와 받침대들로 채워졌다. 아래는 짤막하고 위로 갈수록 점점 앞으로 돌출한 이 부분이 건축적으로나 예술적으로 기둥과 서까래를 놀라운 방식으로 연결한다. 나는 이것을 멀리서 보고 구멍 뚫린 벌집 같다는 인상을 받았다. 조선 고유의 건축 양식을 적용한 이 해결책은 벽체에서 지붕으로 밋밋하게 넘어가는 중국의 건축법보다 훨씬 훌륭하다. 특히 내 시선을 사로잡은 것은 받침목, 서까래, 뿔 모양의 목재 등 각각의 요소들이 띠처럼 채색되어 놀랍도록 알록달록한 모양을 만들지만 그럼에도 통일되고 조화로운 느낌을 준다는 점이었다.

법당 내부도 이와 비슷하지만 치장은 조금 더 소박했다. 기둥 위에 얹힌 주두(柱頭)는 나무를 조각하지 않고 채색이 되어 있었다. 대들보, 지붕 뼈대, 우물반자 마무리 부분에도 역시 색을 입혔는데 연녹색, 흰색, 빨강이 주조를 이루었다.

법당 바깥의 측면 벽에는 코끼리와 호랑이 또는 용을 비롯한 상상의 동물을 그려 넣어 생동감이 있었고, 법당 내부의 측벽은 목판에 템페라로 지옥과 극락을 묘사하여 전혀 다른 느낌을 전해 주었다.

법당의 중심은 실물보다 큰 아미타불 목불상과 두 명의 협시보살을 모신 불단이다. 그 중 오른쪽에 있는 것이 자비의 보살인 관세음보살상 또는 관음상이다.

뒤쪽에서는 극락의 성현들을 묘사한 탱화가 황금빛으로 빛났고 불단 전체는 화려한 목각으로 장식된 닫집에 덮여 있었다.

자신이 사는 평범하고 때로는 누추한 가옥만 알고 있는 조선인에게 이렇듯 호화롭게 치장된 법당과 장식은 다른 세계의 꿈처럼 여겨질 것이다. 그럼에도 불교 신자 수가 적다는 것이 놀랍다. 소박하고 자연스럽게 사고하는 조선인들에게 더 강한 영향을 미친 것은 이런 예술성의 발전이 아니라, 극락을 약속하면서도 삶의 의미를 주지 못하는 불교의 염세주의적인 기조라고 나는 생각한다. 조선인들은 소소한 기쁨이 있는 삶에 대한 애착이 너무 강하기 때문에 불교가 요구하는 금욕과 극기가 이들에게 큰 의미를 주기에는 한계가 있다.

그 밖의 법당에 대해서도 이야기할 것이 많다. '깨달은 자' 석가모니의 일생을 여덟 장면으로 그린 화려한 팔상도(八相圖)와 석가모니불을 모신 커다란 팔상전, 명계의 심판관 10명을 모신 명부전, 명상을 하는 적묵당, 사찰의 도서관인 장경각 등이 있지만, 나는 불교 사찰에서의 저녁 예불 참배가 나의 미술사적인 연구보다 더 흥미를 불러일으키리라고 생각한다.

저녁 일곱 시쯤이었다. 사찰을 빙 둘러 수십 년, 아니 어쩌면 수백 년 전부터 서 있었을 거대한 활엽수 위로 아직 해가 걸려 있었다. 특히 개암 크기만 한 열매로 염주를 만드는 동아시아의 보리수와 잎이 커다란 참나무가 눈길을 끌었다. 나무 사이사이로 톱니처럼 뾰족뾰족하면서도 둥그렇게 이어진 금강산 봉우리들이 보였다. 참으로 장관이었다. 자연을 사랑하는 순례객이 이 자연의 신비를 감상하려고 중국과 일본에서까지 오고, 금강산이 당나라 때부터 최근까지 중국 문학에서도 큰 비중을 차지하고 화가들에게도 매번 새롭게 감동을 주었다는 사실이 이해되었다. 나는 이 둘도 없는 광경을 실컷 감상하기 위해 자꾸만 바깥으로 나왔다.

종소리가 나를 상념에서 불러냈다. 소리는 온음으로, 2분음으로, 4분음으로 울리다 연타로 상승한 뒤 다시 잦아들었다. 이 절에 올 때 들은 것과 똑같은 소리였다. 이제 강당 앞에 서니 소리는 훨씬 더 깊은 여운을 남겼다. 옆에 있는 몇 군데 건물에서 스님들이 나왔다. 모두 다 나오지는 않았다. 예불 참여 여부는 개개인의 자유였기 때문이다. 강당에는 방석이 죽 깔려 있었다. 강당 안은 소박했다. 불단에는 아미타불 좌상이 있고 그 뒤에 아주 독특한 탱화가 걸려 있었다. 광배를 두른 부처가 중간에 있고 부처 주위에는 원으로 묘사한 화관이 형형색색으로 그려졌으며, 다양한 부처의 세계가 묘사된 중간에는 별로 장식된 화관에 작은 부처들이 작게 묘사되었다. 명상과 예불에 몰입하기에 적절한 구도였다.

불단에는 김이 나는 밥주발이 놓이고 향이 타올랐다. 불단 오른편에는 주지스님이 자리를 잡고 왼편에는 예불을 집전하는 스님이 앉았다. 불단 앞의 나지막한 경상에는 불경이 놓였다. 그 앞에 있던 선창자가 염송을 시작했다. 선창자는 가끔씩 종을 울렸고 참석한 스님들은 '나무아미타불'이라는 후렴구가 들어간 예불문을 합창했다. 나무아미타불은 "아미타부처께 귀의한다."는 뜻이다. 그러면서 스님들은 끊임없이 손가락을 움직여 손목에 감아쥔 염주 알을 차례로 굴려나갔다.

염주 알은 날마다 손가락으로 수천 번이나 굴려야 한다고 나중에 주지스님이 설명해 주었다. 그래야 하루의 자기 성화가 완성된다고 했다. 나는 라마교도들의 마니차[32]가 생각났다. 이들은 바람이나 물까지 동원하여 마니차를 돌린다. 그렇게 돌려야 '구원'을 얻는다고 그들은 믿고 있다.

일본의 선불교에서 수행하는 참선이나 이와 관련된 ―가톨릭 교회나 성공회에서도 행하는― 명상에 대해서는 언급이 없었다. 그러나 공동으로 예불을 드리는 모습은 유점사 스님들이 서로를 한 가족처럼 느끼고 있다는 확신을 주었다.

그런데 한 가지 염려스러운 점이 있었다. 사찰의 스님들이 무슨 일을 하며 지내는지 주지스님에서 물었더니 그는 어깨를 치켜들며 말했다. "아무 일도 안 합니다." 그 자신도 승려 개개인에게 노동을 부과할 권한이 없다고 했다. '무위'는 사찰 생활과 긴밀하게 관련되

---

32 마니차(摩尼車) : 불교의 경전을 넣은 회전 원통으로 티베트 민중의 신앙 도구. 마니차를 한 번 돌릴 때마다 경문을 한 번 읽는 것과 같은 효과가 있다고 한다.

어 있어서 절의 소유지인 논도 소작인이나 주변 마을 사람들이 경작하고 사찰 식구들은 거기에서 나오는 소득을 힘들이지 않고 누린다고 했다. 신중한 스님은 입을 다물었다.

나는 이 '무위'가 커다란 사회 문제를 안고 있으며, 이것이 불교와 불교에 대한 대중의 판단에 영향을 줄 수 있고 또 줄 수밖에 없다는 사실을 뚜렷이 깨달았다.

'불교의 낙원'도 내게는 인간의 미덥지 못한 면을 보여주었다. 인간의 행복은 분명히 자신의 운명에 만족하는 데에 있지만, 그 운명은 스스로 노력하여 만들어가야 하는 것이다.

제 9 장
강도를 만나다

나는 조선에서 오랫동안 나의 일에 전념하면서 조선 땅을 이곳 저곳 돌아다녔다. 말을 타고 다니기도 했고, 편안한 인력거도 탔으며, 훨씬 불편한 소달구지도 타보았다. 교통 여건이 허락하는 대로 기차를 탈 때도 있었고 걸어서 여행하기도 했지만, 한 번도 강도나 산적에게 괴롭힘을 당한 적은 없었다. 그러다가 함경북도 북동 지방에서 '흰 머리 모양의 산'이라는, 전설로 가득한 백두산의 울창한 삼림 지역에 들어갔을 때 처음으로 대단히 수상쩍은 사람들과 여러 번 맞부딪쳤다. 그들은 겉모습부터 꺼림칙한 인상을 풍겼고 말투에서도 사회 질서 바깥에 있는 사람이라는 것이 드러났다.

그러나 분명한 사실이 있었다. 여관이나 농가에 머물 때 나는 신뢰가 가지 않는 사람들과 자주 같은 방을 썼다. 그런데 내가 그들을 조금도 겁내지 않았던 이유는 첫째로, 무척 일을 잘하고 정직한 시종—조선말로 복사(服事)라고 하는—을 데리고 다니면서 어디에선가 숙박을 해야 할 때면 복사와 내가 교대로 망을 보았기 때문이다. 둘째로, 방을 같이 썼던 사람들이 나를 건드리지 못한 것은 내가 조선말을 할 줄 알고 지역 사정에 밝았던 덕분이라고 생각한다.

그 지방에서는 어느 마을에서 다음 마을까지의 거리가 너무 멀고 묵어갈 곳도 별로 없어서 여행자들은 웬만큼 괜찮은 숙소를 잡으면 고맙게 생각해야 했다. 물론 나는 텐트와 식량을 지참하고 요리사를 데리고 다닐 수도 있었다. 그러나 비용이 많이 들고 노새와 노새몰이꾼과 수행자들을 먹여야 해서 여행이 지체된다는 점은 제쳐두고도, 나는 그런 여행 행렬이 오히려 훔쳐갈 것이 없는 단출한 여행객보다 위험에 더 많이 노출된다는 사실을 필히너 같은 유명 연구자들로부터 여러 번 전해 들었다. 그래서 나는 가능하면 짐을 적게 가지고 다니는 것을 좋아한다.

한번은 모산 근처에 있는 조선 음식점에 들어갔다. 조선인들은 그런 가옥을 술파는 집이라는 뜻을 가진 '주막'이라고 부른다. 그곳에 들어서면서부터 벌써 들척지근한 술 냄새가 풍겨왔다. 남자 여러 명이 방바닥에 앉아 담배를 피우고 있었고, 바닥은 몇 군데 가 손상되어 온돌 밑의 아궁이와 방고래에서 따가운 연기가 스며 들어 왔다. 많이 스며들지는 않았어도 작은 방을 꽤 우중충하게 만들기에는 충분했기 때문에 사람 모습을 뚜렷이 분간하기가 힘 들었다. 시간이 조금 지난 뒤 눈이 흐릿한 곳에 익숙해지고 나서 야 나는 조선인 한 명과 중국인 한 명이 나와 같은 방을 쓰게 되 었다는 사실을 알았다. 파란 작업복 차림의 중국인은 중국말과 조 선말을 반씩 섞어 쓰고 있어서 말을 알아듣기가 참으로 어려웠다. 머지않아 나는 그 중국인이 끈덕지게 내 여행 계획을 알아내려 한 다는 점에 주목했다. 나는 그에게 답변을 해줄 이유가 없었기에 - 조선의 예법을 어기고- 입에 '단추를 채우고' 있었다. 그 옆에 앉 아 거의 말을 하지 않던 조선인은 '서양 양반'에게 어떻게 처신해 야 할지 몰라 좌불안석인 것 같았다.

　드디어 복사가 우리가 타고 온 말 두 마리를 돌보고 들어와 짧 게 인사를 나눈 뒤 자리에 앉아 나에게 담뱃불을 붙여주고 자신 도 파이프를 피웠다.

　이윽고 '심문'이 시작되었다. 나는 복사의 조심스러운 대답에서 그가 두 사람을 믿지 못하고 있음을 금세 알 수 있었다. 질문을 신중하게 헤아리고 오히려 '반격'에 나서는 그의 외교적 말솜씨에 나는 여러 번이나 놀랐다. 서로 주고받은 말을 나는 많이 알아듣지 못했다. 중국인 역시 대화를 잘 알아듣지 못하여 오른손 검지로 왼손바닥에 계속 한자를 썼다. 복사는 그 글자들을 주의 깊게 — 사실 아무것도 보이지 않았다 — 따라 읽고 고개를 끄덕이며 자신도 똑같은 방식으로 한자를 썼다. 한동안 이런 필담이 오갔다. 결국 양측 '진영'은 서로 충분히 의사를 전달한 뒤 중국인은 그의 동료에게 몸을 돌렸고 신이라는 성씨를 가진 나의 복사는 나와 마주 보았다. 그 후 대화는 낮은 소리로 이어졌고 각자 따로 볼일들을 보았다.

맞은편에 있는 사람들을 조용히 관찰하고 있자니 중국인이 나를 가끔씩 훔쳐보며 적대적인 눈길을 주는 모습이 눈에 들어왔다. 시종에게 이 사실을 나지막하게 이야기하자 그도 보았다고 말했다. 우리는 조심하지 않으면 안 되었다.

나는 무심결에 허리띠에 찬 브라우닝 권총에 손이 갔다. 손에 총이 느껴지자 한층 안심이 되었다. 조선인이 일어나 방을 나갔다. 나는 이것도 의심스러웠지만 그 의심은 선입견일 수도 있었다.

사방이 조용해졌을 때 나는 조선인의 발걸음 소리와 그가 마당에서 걸어간 방향을 향해 귀를 기울였다. 화장실에 가려고 나간 것이라면 그는 왼쪽으로 꺾어져야 했다. 오른쪽에는 창고와 축사가 있었다. 나는 머리를 문 가까이 댔다. 직접 손으로 뜬 질긴 창호지를 바른 문으로 흔히 보는 것이었다. 그래서 아주 작은 모래 소리도 들을 수 있었다. 문은 얇은 문살이 가로 세로로 짜여 있어서 위와 중간과 아래쪽 몇 군데에 작은 사각형이 만들어졌다. 그런 문을 숱하게 봐 왔으면서도 나는 그 순간 잠시 넋을 잃고 문 구경에 빠져들었다. 문은 소박하고 올곧으면서도 미적으로 만족스러운 조선 민족의 성격에 어울린다는 것을 그 고유한 형태를 통해 보여주었다. 중국인은 끈으로 묶은 옷감 보따리를 만지작거리고 있었다. 나는 손가락으로 등 뒤에 있는 문의 작은 사각형에 구멍을 냈다. 그로 인해 초의 불빛이 바깥으로 새어나갔고 모래를 밟을 때 나는 소리까지 잘 들렸다. 그래도 그런 소리를 들으려면 숙련된 귀가 필요했다. 조선인이 신은 짚신은 우리 서양인들의 가죽신보다 약한 소리를 내기 때문이다.

머지않아 들릴 듯 말 듯한 발걸음 소리가 났다. 조선인이 일부러 발소리를 죽이고 있다는 생각이 들었다. 이유가 무엇일까? 나는 시종으로 하여금 중국인과 낮은 소리로 이야기를 계속하게 하여 중국인이 내 행동에 신경 쓰지 않도록 했다. 나는 들을 만큼 충분히 들었다. 조선인은 오른쪽으로, 그러니까 축사 쪽으로 간 것이다. 10여 분 동안 열심히 귀를 기울였지만 발걸음 소리는 들리지 않았다. 그러다가 다시 바닥을 밟는 나지막한 소리가 먼저보다 약하게 들렸다. 무언가 숨길 게 있었던 것이다. "공기가 탁해서 더 이상 못 참겠네." 나는 중국인에게 의심을 사지 않으려고 이렇게 외치면서 동시에 문짝을 바깥으로 밀어 젖혔다. 그 바람에 밝은 불빛이 온 마당을 비추었고 막 몸을 숨기려던 조선인은 환한 불빛을 받으며 서 있었다. 놀란 것이 분명한 그는 불빛을 피해 달아나려고 했다. 그리고 시간이 조금 흐른 뒤에 다시 방으로 들어왔다. 나는 무관심한 듯이 행동했다. 이미 볼 것은 다 보았기 때문이다.

대화는 그저 그런 내용을 두고 계속되었다. 나는 파이프를 피운 다음 여닫이문을 닫고 방을 나섰다.

당연히 나는 축사 쪽으로 방향을 잡았다. 어두운 공간에 들어섰지만 수상한 점은 느끼지 못했다. 두 마리 말은 히힝 소리를 내며 울었고 나는 여느 때처럼 녀석들을 어루만져주었다. 다시 돌아가려는 순간, 안장과 가죽 마구와 함께 벽에 걸려 있는 허리에 차는 자루가 생각났다. 성냥을 켜보니 상황이 파악되었다. 조선인이 여기에서 무언가를 뒤진 것이다. 모든 것을 찬찬히 살펴보려고 자루에서 초를 꺼냈다. 자루의 한쪽 칸에는 통조림과 식료품이 들어 있었다. 깡통에는 이상이 없었지만, 나사못으로 잠그는 설탕 통 하나가 열려 있었다. 나는 당장 의심이 들었다. 뚜껑을 열었더니 굵은 설탕 밑에 고운 가루가 섞여 있는 것이 보였다. 그 가루를 검사할 시간은 물론 없었지만, 그것은 잠깐 동안 혹은 영원히 잠재우기 위한 수면제였을 것이다.

축사를 나온 나는 조선인에게 해명을 요구할지 아니면 말없이 모든 것을 넘어가야 할지 잠시 생각해 보았다. 운이 좋아지려고 그랬는지 나는 다시 한 번 축사로 갔다. 서류들은 모두 이상이 없었고 다른 물품들도 무사했다. 마지막으로 가죽 허리띠와 마구에 눈길을 돌리니 여러 군데에 자그맣게 베어진 자국이 보였다. 오래 사용하면 반드시 찢어지고 말 것이 분명했다.

이제 모든 것이 확연해졌다. 새로 알게 된 두 사람은 정말로 위험한 인물들이었다. 나는 오래 전부터 도적떼가 함경북도 일대의 산과 계곡을 위험한 곳으로 만들고 주민들이 크게 불안해했다는 사실을 알고 있었다. 두 사람도 그 도당과 한 패일까?

무엇을 해야 할지 생각하며 천천히 숙소로 돌아오는데 마침 지나가던 일본인 순사가 눈에 띄었다. 나는 당장 그에게 가서 있었던 일을 짧게 이야기하고 내일 두 사람을 인근 마을에서 체포할 준비를 해달라고 부탁했다. 나는 이 모든 일에 관여하고 싶지 않았다. 증인 심문 따위를 하게 되면 쓸데없는 곳에 시간을 버리기 때문이다.

　인근 마을은 세 시간 반 거리에 있었고 숲으로 더 들어간 높은 곳에 자리 잡고 있었다. 산악 지역은 어디나 그렇듯이 이곳 사람들도 '화전민'이었다. 아주 가난한 사람들 혹은 어떤 식으로든 이곳으로 흘러든 사람들은 원시림까지 들어와 주인 없는 숲 몇 군데에 불을 놓거나 나무를 베어 파괴했고, 원시적인 가래를 써서 미개척의 숲을 개간하여 감자나 그 비슷한 작물을 재배하며 초라한 오두막에서 살았다. 몇 년 동안 수확을 한 뒤 땅이 더 이상 생산을 하지 못하면 화전민의 대부분은 숲으로 더 깊숙이 들어가 힘든 노동을 새로 시작했고 일부는 그 자리에 정착하여 마을과 공동체를 만들었다. 그들은 세금을 낼 필요가 없었고 주민으로 등록하지도 않은 채 자유롭게 살아갔다. 나는 방에 있는 두 사람이 체포되는 상황을 피하여 그들로부터 방해받지 않고 벗어나는 길을 찾은 것이다.

　방으로 돌아오니 곧 저녁 밥상이 차려졌다. 이곳에서는 커다란 그릇에 담긴 음식을 손님 개인의 작은 그릇에 덜어 먹게 되어 있었다. 조선의 다른 곳에서는 보지 못한 풍습이었는데 아마 중국 풍습을 따른 듯했다. 덕분에 우리는 안심하고 먹을 수 있었다. 그런 식이라면 내 설탕 통에 있던 '가루'가 우리 음식에 들어갈 수가 없으니 말이다. 김치 대신 소금 종지가 놓였고 간장, 마른 생선, 말려서 압착한 해초가 나왔다. 주식은 기장을 섞은 밥이었다.

복사가 젓가락과 납작한 숟가락을 밀어놓고 숭늉으로 입가심을 했을 때 나는 그에게 말을 살펴보고 먹이를 구유에 넣어주라고 했고, 일기를 쓰려고 하니 안장에 달린 자루를 가져다 달라고 큰 소리로 부탁했다.

우리 둘이 여기에 관해 한 마디도 주고받지 않았는데도 복사는 나의 의심을 알아채고 방을 나갔다. 같은 패인 중국인에게 '김 형님'이라고 불리던 조선인이 움찔하는 모습이 보였다. 발각될까 봐 두려운 모양이었다.

나는 파이프에 꼼꼼하게 불을 붙인 뒤 경계를 늦추지 않으려고 두 사람이 낮은 소리로 나누는 대화를 따라 들었다. 조선말과 중국말을 절반씩 섞어 썼기 때문에 많이 알아듣지는 못했다. 그러나 한 사람이 상대방의 지시 내용을 이행했다는 것을 알 수 있었다. 결국 주모자는 중국인이었다. 과연 그의 얼굴은 더 교활했고 인간다운 삶을 중하게 여기지 않는 듯했다. 그동안 만나보았던 중국인들, 근면함과 검소함으로 내 주목을 끌었던 다른 중국인들과는 사뭇 달랐다! 얼마 지나지 않아 자루를 가지고 돌아온 복사 신 씨는 모든 것이 무사하지만 안장에 달린 자루와 가죽 마구가 훼손

되어 대체할 물건을 찾아보았다고 보고했다. 아 얼마나 눈치가 빠른지! 그도 같은 방을 쓰게 된 두 사람의 의도를 간파한 것이다.

나는 잘 때 베개로 애용하는 자루를 열어 수첩을 꺼내고 두 사람에게는 정중하게 내 식량을 건넸다. 중국인과 조선인은 거의 동시에 "셰셰." "고맙습니다."라고 말했다. 조선인은 고마워하면서도 사양하는 모습이었고, 중국인은 탐욕스럽게 반색을 했다. 조선인에게는 통조림 고기를 주었고 중국인에게는 설탕 통을 건넸다. 조선인이 움찔하는 모습이 보였다. "이건 차를 드실 때 타서 드십시오." 나는 이렇게 덧붙였다. 중국인들은 차를 마시지만 조선인들은 싫어했기 때문이다. 그런 다음 자루를 닫고 복사에게 가서 자라고 말했다. 나는 조금 더 글을 쓰다가 복사가 망을 볼 때 잘 생각이었다.

음흉한 두 사람은 자기들의 계획이 수포로 돌아갔음을 알았을 테지만 한 가지만은 모르고 있었다. 밤은 조용하게 지나갔고, 방을 같이 쓴 우리의 '착한' 친구들은 옷을 입은 채 목침을 베고 불을 땐 마루(방바닥을 지칭하는 말이기도 하다)에 드러누웠다.

다음날 아침 두 사람이 깨어나기 전에 우리는 벌써 떠날 채비를 하고 여행 일정을 변경했다. 우리는 그들이 우리의 당초 목적지로 따라올 것임을 알고 있었다. 그러나 그곳에서는 '반가운 환대'

가 그들을 기다리고 있을 것이다. 두 사람은 우리에게 돈과 귀중품이 있을 것이라고 예상하고 그토록 큰 관심을 보였던 것이다. 우리가 끔찍한 습격을 당하지 않게 막아준 것은 우리의 신중한 대처와 운이었고 덕분에 우리는 다행히 목적지에 도착했다.

또 한 번 기분 나쁜 강도를 만나 격투까지 벌였던 일을 상기시키는 것이 내 오른쪽 가슴에 있는 칼자국이다. 당시 칼에 찔릴 때는 내 지갑이 완충 역할을 하여 목숨을 구해주었다.

제 10 장
또 다른 경험

조선과 만주에 똑같이 끔찍한 여름이 찾아왔다. 몇 달 동안 작열하는 햇살이 땅으로 쏟아져 거의 모든 식물이 죽어버렸다. 논밭은 바짝 마르고 논에 있던 물도 말랐다. 무시무시한 기근이 몰려왔다. 사람이나 짐승이나 모두 바깥에 나가면 금세 머리와 혀를 아래로 내려뜨리고 겨우 나무 그늘이나 덤불 그늘을 찾아 들었다. 사방에서 물이 모자랐다. 조선은 산에 급류가 많은 나라이지만 몇 주 전부터 이것도 말라버려 황량한 강바닥에는 하얀 조약돌이 죽은 듯이 누워 있었다. 마을 우물도 대부분 말랐고 그나마 물이 있는 곳은 탁하고 수질이 좋지 않았다. 그럼에도 우물이란 우물은 모두 수많은 마을 주민들이 둘러싸고 있었다. 근방에 큰 시내가 없었기 때문이다. 여자들은 밤낮으로 귀한 물을 길어 항아리에 담아 몇 시간씩 걸리는 집으로 날랐다.

어느 날 나도 조선반도 북동쪽에 있는 안평이라는 마을의 우물가에 서서 그곳 주민들의 상황을 알아보고 있었다. 그때 갑자기 조선 청년 한 명이 달려와 숨을 헐떡이며 소리를 질렀다. "도와주십시오!"

처음에 나는 사고가 일어났거나 갈증으로 실신한 환자가 있는 줄로 생각했다. 그러나 그보다 더 끔찍한 일이 일어났다.

"무슨 일입니까? 왜 '와서 도와주세요!'라고 그럽니까?"

"호랭이가 왔소." 청년은 숨이 멎을 듯이 소리를 내질렀다. 그는 신안리라는 가난한 어촌에서 달려오는 길이었다. 신안리는 안평에서 두 시간 거리에 있었다. "앉아서 이야기해 봐요!" 나는 청년을 나무 아래에 있는 바위로 데리고 가서 앉혔다. 나뭇가지가 겨우 그늘을 만들어주었다. 이제 겨우 8월 초였는데도 잎사귀는 거의 떨어진 상태였다. 청년이 바위에 앉았다. 나는 그에게 설탕 한 조각을 주고 코냑 몇 방울을 마시게 했다. 그것으로 기운을 차린 청년은 흥분한 목소리로 이야기를 들려주었다.

"우리 가족을 아시잖아요. 저한테 11살짜리 남동생이 있는 것도요. 그 아이가 짚신을 만들 으아리 덩굴을 찾으려고 숲에 들어갔어요. 시간이 지났는데도 동생이 돌아오지 않아 제가 직접 찾으러 갔습니다. 마음이 불안해서 숲으로 가보았어요. 그랬더니 멀리서 호랑이 소리가 나고 동생이 크게 살려달라고 외치는 소리가 들렸습니다. 저는 옆에 있는 나무에서 가지를 잘라 살려달라는 소리가 난 곳으로 달려갔어요. 그랬더니 동생이 바닥에 누워 있고 무서운 맹수는 동생 주위를 돌면서 가끔씩 앞발로 내리치고 있었습니다. 무방비로 있는 아이를 그 짐승이 데리고 노는 것 같았어요. 저는 동생을 버리고 되돌아올 생각이 없었어요. 잘라낸 나뭇가지는 별 도움이 안 되었습니다. 그래서 돌을 하나 집어 들고 나무에 몸을 숨기며 몇 걸음 뛰어가서 호랑이가 저에게 등을 보이고 돌아선 순간 돌을 던졌습니다. 호랑이는 동생한테서 떨어지더니 저에게 달려들었어요. 저는 순식간에 나무 위로 올라갔습니다. 동생이 호랑이의 심한 타격으로 그렇게 초죽음이 되지 않았다면 그새 일어나 도망쳤을 겁니다. 하지만 동생은 움직이지도 못하고 계속 소리만 질렀습니다. 저도 살려달라고 소리를 질렀지만, 주변에 제 소리를 들을 사람이 없다는 것을 알았어요."

"그런데 어떻게 도망쳐 왔어요?"

"선생님, 아주 끔찍한 일이 벌어졌어요! 호랑이는 저를 어쩌지 못하자 다시 몸을 돌려 제 동생을 덮치고는 있는 힘껏 나무에 패대기를 쳤습니다. 동생은 몸이 으스러진 채 바닥에 누웠어요. 제가 똑똑히 봤는데, 코와 입에서 피가 솟구쳤습니다. 호랑이는 그 피를 미친 듯이 핥고 불쌍한 동생을 먹기 시작했어요. 저는 재빨리 나무에서 내려와 마을로 달려가서 아버지와 어머니에게 그 일을 급하게 이야기하고 지금 여기에 도와달라고 온 겁니다."

청년은 아무 말도 하지 않다가 지쳐서 쓰러졌다. 나는 말에 안장을 채우라고 지시했지만 시종은 벌써 준비를 마치고 권총이 달린 허리띠와 소총까지 나에게 건넸다. 사자(조선에는 사자가 없다)보다 위험한 벵골호랑이가 이곳에서 가까운 마을까지 들어올 위험이 있었고 사람들에게는 무기가 없었다. 당시 정부 하에서 무기 소지는 금지였다. 어쩌면 내가 도움을 줄 수도 있었다.

"목이 말라요. 물 좀 주세요!" 청년은 숨을 헐떡였다. 둘러서서 말없이 이야기를 들으며 이따금 '아이고, 아이고' 소리로만 말을 중단시키던 사람들은 청년을 부축하고 물을 주었다. 나는 정확한 장소에 대해 몇 가지를 더 물어본 뒤 말을 달려 그곳 마을로 향했다. 처음에 탁 트인 숲을 지나니 해변이 나왔다. 큰 파도가 해안을 무섭게 때렸고 바다는 위협적으로 울부짖었다. 수평선에는 먹구름이 조금 끼어 있었으나 아직은 먼 곳에 있었다. 날씨가 자주 변덕을 부렸다. 말이 겁을 집어먹었다. 콧구멍으로 숨을 힘껏 들이쉬고 불안한 듯이 주위를 두리번거렸다. 우리는 계속 말을 몰아대어 달리지 않으면 안 되었다.

30분쯤 지나니 벌써 신안리였다. 그 길로 내처 숲까지 들어간 우리는 말에서 내린 뒤 불안하게 땅바닥을 긁는 말들을 나무에 매어놓았다. 숲은 우리 서양인들이 말하는 숲이라고 할 수 없었다. 바위와 덤불과 나무가 조금 있는 언덕이었다. 그러나 어쨌든 시야는 제한되어 있었고 맹수들이 몸을 숨길 만한 은신처가 많았다. 우리는 조심스럽게 앞으로 전진했다. 갑자기 섬뜩한 호랑이 소리가 들렸다. 나는 무거운 권총을 손에 쥐고 나무에서 나무 사이를 뛰어다녔다. 뒤에는 당시 내 시종으로 일하던 장 씨가 있었다. 맹수의 모습이 눈에 들어왔다. 녀석은 소년을 습격했던 장소에 그대로 있었다. 어린 소년은 찢겨진 몸통만이 바닥에 남아 있었다. 벵골호랑이가 높은 산에서 내려와 사람을 공격한 것은 의심할 것도 없이 굶주림과 갈증 때문이었다. 나는 시시때때로 이 지역에 호랑이가 출몰한다는 것을 알고 있었다. 그러나 나는 호랑이의 몸집을 실제보다 작게 상상했다. 호랑이와의 싸움은 무모하게 생각되었지만, 불쌍한 어부들을 지속적인 불안과 위기에서 구해내려면 그렇게 하는 수밖에 없었다.

가능하면 호랑이와 측면에서 맞닥뜨리고 녀석이 고개를 돌리는 순간 총을 쏘려고 나는 조금 더 가까이 다가갔다. 열 걸음 정도 남았을 때 호랑이가 내 소리를 듣더니 머리를 내가 있는 쪽으로 돌렸다. 나는 총을 두 발 발사했다. 호랑이는 뼛속까지 파고드는 소리를 내지르고 두 달음에 나를 향해 달려오다가 갑자기 반대편으로 꺾어져 덤불 속으로 사라졌다.

조선인 몇 명이 창을 들고 소리를 지르며 다가왔다. 호랑이를 쫓아가는 것은 소용없는 일이었다. 사람들은 얼마 남지 않은 죽은 아이의 시신을 수습하여 마을로 운반했다. 마을 어귀에 있던 어느 집에서 울부짖는 소리가 들려왔다. 우리가 말에서 내려선 순간 비가 세차게 쏟아졌다. 들판과 길은 곧 호수로 변해버렸다. 연이어 천둥이 치고 번개가 번쩍였다.

며칠 뒤 내가 쏜 총에 맞은 호랑이가 숲에서 죽은 채 발견되었다.

같은 마을에서 또 한 번 호랑이가 습격해온 사건이 발생하여 나는 며칠 더 그곳에 머무르면서 마을 주민들과 함께 다시 사냥에 나섰다. 이번에도 일은 성공적으로 끝나 주민들은 시골의 평화를 되찾았다.

이 몇 가지 사례들은 연구자가 외국에서 어떤 위험에 노출되어 있는지를 보여준다.

제 11 장
작별과 회고

나를 조선에서 불러낸 것은 권태로움이 아니라 내가 여행을 다
니고 글로 써서 모은 풍부한 자료를 정리하여 많은 사람에게 선
보이고 싶은 욕심이었다. 연구를 하면서 나는 이곳의 언어와 역사,
문화와 종교, 사회적·경제적·정치적 문제에 익숙해졌고, 주민들과
의 일상적인 접촉은 내게 조선인의 무욕과 근면함은 물론이고 삶
에 대한 달관까지 보여주었다. 조선 땅을 이곳저곳 두루 여행했을
때는 산악 지방 사람들의 성격, 농경의 어려움, 쓸 만한 땅을 개간
할 때의 끈기도 알게 되었다. 간단히 말해 나는 '지극히 아름다운
나라'와 그 국민들과 어떤 식으로든 하나가 되었음을 느꼈다. 거

의 20년에 달하는 나의 조선 체류는 당연히 나에게 영향을 미쳤다. 생각하고 말할 때, 느끼고 행동할 때, 그리고 생활 습관에서조차 나는 어떤 의미에서 조선인이 되었다. 머리에 베는 딱딱한 나무 토막인 '목침', 피곤한 몸을 누이는 뜨뜻한 온돌, 항상 똑같은 밥과 기장이 담긴 대접, 매운 김치, 더 매운 빨간 고추 등 많은 것들에 익숙해졌고, 아침이면 비누와 수건을 가지고 우물로 갔으며, 그곳 풍습에 따라 소금으로 이를 닦았고, 안장이 높은 조선 조랑말을 타고 날이면 날마다 먼 곳까지 나가 들판과 숲과 골짜기와 만(灣)을 둘러보았고, 산 위와 아래를 다니면서 항상 바뀌는 모습에 매번 새롭게 매료되었고, 물결치는 벼와 기장 줄기, 눈부시게 빛나는 암벽, 수많은 작은 섬들, 동해에서는 초록으로 빛나고 서쪽 황해에서는 진흙과 황토에 물들었던 잔잔한 바닷물에 매혹되었다.

무엇보다 인상적인 것은 수주일, 수개월 동안 짙푸른 하늘이 계속되다가 계절풍이 서둘러 먹구름을 몰고 오고, 소나기가 급류로 흐르면서 들판과 평야에 넘쳐흐르고 길거리와 오솔길을 망가뜨리고 사람과 주택을 묻어버린 일이었다.

귀국하기 전에 나는 서울과 작별 인사를 나누었다. 5년 동안 줄곧 강의를 했던 대학, 두드러지게 눈에 띄던 성당, 내가 힘을 보탠 박물관 두 곳, 진지한 연구를 하며 오랜 시간을 보낸 소중한 도서관과 이별했다. 다시 한 번 전차와 인력거를 타고 넓은 대로와 일본인 및 중국인 거주지를 둘러보았고, 한 번 더 미술사적으로 중요한 고궁들을 방문하여 조화롭게 계산된 건물의 선에 감탄했고, 그 몇 달 뒤에 가보았던 베이징의 육중하고 답답한 고대 황궁에 비해 활달하고 날렵한 조선의 궁궐에 탄복했다. 옥좌가 놓인 서울의 왕궁 전각은 과연 유례가 없는 모습이었다! 그 거대한 전각을 덮은 우람한 지붕, 대리석 난간, 화려하게 조각된 위용 넘치는 문과 창! 전각 내부에서는 목재가 만들어내는 구름바다가 10미터, 20미터 높이로 우물반자 천장까지 이어지고 그것을 거대한 목재 기둥이 떠받치고 있다! 나무로 정교하게 만들어 높이 달아둔 닫집 밑의 옥좌는 최근에 설치되었지만, 전체적인 구성은 고대 중국의 '예'가 큰 역할을 했던 오래 전의 전통을 따른 것이었다. 이것이 바로 중국 민족은 물론이고 수천 년 세월 동안 중국에 예속되었던 이민족들, 즉 중국인들이 커다란 자의식을 가지고 '오랑캐'라고 불렀던 이민족들까지도 수준 높은 중국 문화를 예찬, 존경하게 만들고 마침내 그것을 인정하여 중국의 국가 제도에 복종하게 만든 요소였다.

사람들은 이민족이 중국 문화 속에서 몰락이라도 한 듯이 이들이 중국의 국가 이상에 예속된 것을 흡수라고 불렀다. 이것은 부분적으로만 맞는 말이다. 중국인들도 바빌로니아, 유대, 그리스를 비롯한 수많은 외국의 사상 체계를 받아들였고, 훈족의 의복 형태, 스키타이와 그리스와 페르시아의 예술 형식, 특히 수많은 철학적 사유와 체계 그리고 불교, 경교, 유대교, 이슬람교 같은 종교 사상을 받아들여 동화시켰다.

이런 외국의 영향은 조선 문화에도 자취를 남겼다. 나는 무엇보다 조선의 미술에서 그 자취를 인식했다. 고전적으로 계산된 대다수 불상의 주름은 바로 헬레니즘의 전통이 남아 있는 간다라 미술을 연상시킨다. 또 일련의 불화에 나타난 배열과 구성과 마무리는 투르키스탄의 영향을 보여준다. 도기 받침, 그릇, 항아리들은 특히 장식에서 어느 정도 이란의 요소가 전해졌다. 종의 모양, 왕궁과 왕릉 앞 난간에 새겨진 단순화된 호랑이 형상들도 어떤 식으로든 외국의 영향을 보여주고 있고, 무엇보다 의복과 신발에 이 영향이 강하게 스미어 있다. 투르키스탄 발굴 때에는 요즈음도 조선인이 신는 것과 똑같은, 발가락 부분이 드러나는 짚신이 발견되지 않았는가?

농부들이 고대 이집트의 원시적 농기구와 아주 흡사한 나무쟁기를 어깨에 메고 피곤한 몸으로 뚜벅뚜벅 걸어 집에 돌아간다든지, 두 명 혹은 네 명의 동료와 함께 땅 구덩이를 메우거나 고르게 하려고 삽으로 흙을 퍼 3-5미터 가량 멀리 던지는 광경도 생각난다. 이런 것들은 지금도 소아시아에서 사용되는 똑같은 작업 방식을 연상시킨다. 또 눈을 가린 나귀와 버새가 고정시켜 놓은 말뚝 주위를 뚜벅뚜벅 돌며 곡식을 탈곡하거나 연자방아를 돌리는 모습도 보았고, 가을에 남자와 여자들이 키로 곡식을 까불러서 쭉정이가 바람에 날아가는 광경도 관찰했다. 그럴 때면 그 모든 것들이 서남아시아에서 이란에까지 퍼져 있던 동일한 농가의 관습을 생각나게 했다.

어디 그뿐인가! 나무에 기괴한 얼굴을 새겨 갈림길이나 마을 입구 혹은 절에 세워둔 장군 기둥인 장승-장군은 일본어의 쇼군과 뜻이 같다-은 남태평양 지역에서 조선 민족의 일부가 들어왔던 먼 옛날의 자취가 아닐까? 온돌이 고대 로마인들의 난방 방식과 동일하고 차 대신 보리차를 마시는 독특한 습관에 대해서도 이 나라를 방문하는 사람들은 놀라워한다. 조선을 회고하면서 특히 내게 인상 깊었던 사실 하나를 더 언급해야 하겠다. 조선 남녀 특유의 꼿꼿하고 자신감 있는 걸음걸이, 아시아 다른 민족과는 달리 걸을 때 양발의 각도를 60도 정도 바깥으로 벌리고 걷는 습관이 그것이다. 조금 어색하지만 마음에서 우러나오는, 그러나 결코 비굴하지 않은 공손함, 손님을 융숭하게 대접하는 마음, 협조적인 태도도 조선 민족의 두드러진 특성이다.

이런 조선인들의 성격과 생활 습관을 되돌아볼 때마다 그것이 혈족이나 민족과 연관된 것인지 아니면 이민족의 영향을 받아 발전한 것인지를 무의식중에 자문한 나는 조선 민족이 세 부류의 인종으로 구성되었다는 결론에 도달했다. 조선은 상고시대부터 이미 남쪽 지역이 북쪽과 큰 차이를 보였다. 북쪽 지역이란 한강 유역에서 시작하여 중국의 무크덴[33]까지 뻗어나가고 남쪽 지역으로는 삼한(三韓) 변경에까지 이르렀던 고조선을 말한다. 삼한은 다시 서쪽의 마한, 중간 지역의 변한, 동쪽의 진한으로 구성된다. 이 남쪽 지역 사람들은 남태평양 지역이나 인도에서 건너왔을 가능성이 있는 반면, 북쪽 사람들은 -앞에서도 강조했듯이- 인도게르만 족의 특성을 강하게 보여준다. 이것이 불가능하다고 반박하지 마시라! 오늘날 다시 인도게르만 족의 발상지로 간주되는 중앙아시아 사람들이 동아시아, 특히 조선 땅으로 들어왔다는 사실이 몽골족이 베링 해협을 거쳐 알래스카로 이주하거나 미크로네시아와 마크로네시아의 섬들을 거쳐 남아메리카로 건너갔다는 주장보다 훨씬 납득하기 쉽다! 그런데도 오늘날 중국과 남아메리카의 연관성

---

33 무크덴(Mukden) : 현재의 선양(瀋陽). 옛 이름은 봉천(奉天)이며 무크덴은 만주어명이다.

은 입증되어 있고 더 이상 의심을 품지 않는다.

이 두 부류 외에 조선 민족에게서는 몽골 족의 혈통이 강하게 나타나 있다. '몽골 인종'이라는 표현은 어찌 보면 오도의 위험이 있다. 연대기들은 훈 족, 동호족, 말갈족, 옥저인, 여진족, 퉁구스 족, 한족, 투르크 족, 티베트 인, 몽골 인 등에 대해 보고하고 있다. 이들은 조선의 북쪽 국경에서 싸우기만 한 것이 아니라 지속적으로 조선 땅에 정착하여 세월이 흐르면서 조선 민족에 동화되었다.

이에 따라 현재 조선 민족은 혼혈종이지만 인류학적으로나 문화적으로 여러 고유의 특성들을 간직하고 있기 때문에 중국과 일본 그리고 만주와 동등한 민족으로 존재하고 있다.

내가 이 같은 서술을 통해 많은 독자를 따분하게 만들었다는 것을 알고 있다. 그러나 여러 여행기는 물론이고 학술서까지 조선을 완전히 중국에 예속된 나라로 이야기하고 있기 때문에 지금 조선을 되돌아보면서 이런 연관성은 기술해야 한다고 생각했다.

마지막으로 처음부터 내 눈을 잡아끌었던 사실을 하나 말하고 싶다. 조선인들의 옷 빛깔인 백색이 그것이다. 백색은 이미 고문헌에도 조선 민족 특유의 색으로 언급되어 있다. 중국인들이 명나라 때인 1368년부터 1644년까지 마찬가지로 하얀 옷을 입었다는 사실은 조선과 아무 관련이 없다. 조선은 이 '백색'을 중국에서 처음 받아들이지 않았다. 중국에서는 지금도 백색이 상복의 색이지만, 조선인들은 탈색시키지 않은 누런 삼베옷을 입는다. 소박함과 자연스러움으로 모든 외국인의 눈길을 끄는 이 삼베옷은 그 어떤 옷보다도 애도의 성격에 맞는다고 생각한다.

공교롭게도 내가 서울을 떠나던 날 한 남자가 세상을 떠난 어느 상갓집 옆을 지나가게 되었다. 유족들은 죽은 이의 방에서부터 바깥 대문까지 마치 고인의 영혼을 호위하듯이 직접 짠 하얀 아마포 두루마리를 펴놓았다. 다른 사람들은 고인의 저고리와 짚신 몇 켤레를 지붕 위로 던졌다. 이제 고인이 떠나게 될 오랜 여행길을 위한 옷과 신발이었다. 석가모니 부처의 가르침이 조선에 들어오고 1800년이라는 세월이 흘렀어도 불교의 윤회 사상은 보편화되지 못했다. 조선인들은 영혼이 저승에서 존속하리라고 믿지만, 그 영혼은 상속자가 죽은 아버지를 추모하는지 아니면 소홀히 하는지에 따라 후손들에게 길흉을 가져올 수 있는 '가족의 영혼'이라고 믿고 있다.

상갓집 안에서 '아이-고, 아이-고' 하며 길게 끄는 소리가 계속 흘러나왔다. 방금 집을 나선 몇몇 여자들은 머리를 풀어헤쳤다. 사실상 이것이 애도의 모습이었다. 마당에는 소규모의 조선인 악대가 모여 있었다. 퉁소와 대금 연주자들, 바라와 북을 치는 남자들이 있었고 끝으로 피리 부는 사람들도 있었다. 이것은 날카로운 소리가 나는 독특한 악기로 바순처럼 넓적한 마우스피스와 끝에는 트럼펫과 같은 음관이 달린 일종의 오보에다[34]. 약 열두 명의 남자로 구성된 악대가 큰 소리로 음악을 연주했지만 나는 한동안 아무 선율도 알아듣지 못했다. 그러다 차츰 대단히 구슬픈 주제가 변주 형식으로 바뀐다는 것을 알아내었다. 나는 이 장송곡을 기보해 두었는데, 나중에 기쁠 때와 슬플 때, 일할 때와 술을 마실 때 연주되는 다양한 가락에 가끔씩 놀라고는 했다.

나에게 있어 이 상갓집 앞에서의 만남은 수도 서울과 헤어지는 작별의 상징이었다.

나는 조선의 꾸밈없는 모습과 올곧음에 반하여 조선과 조선인들을 사랑하게 되었다. 때론 몇 년씩 함께 어울렸던 조선인 친구들, 나를 그들과 똑같이 대해주면서 모든 걱정과 기쁨을 나누었던 친구들은 마침내 다가온 이별을 나만큼이나 힘들어했다. 나는 그들이 눈물을 흘리는 모습을 보고 조선인도 유럽인처럼 정이 많다는 것을 느꼈다. 서서히 역을 빠져나간 급행열차는 대부분 일본인이 살고 있는 서울 근교의 용산을 지나 800미터 길이의 한강 다

---

34 저자가 피리라고 묘사한 이 악기는 태평소인 것으로 보인다.

리를 건넜다.

머지않아 부지런한 조선 남자아이 사환이 다가와 더운 재킷을 벗고 신발을 바꿔 신는 것을 도와준 뒤 '비루(맥주)', '미루크(우유)', '나모네(레몬수)', '실과(과일)'를 가져다주면서 식당차에서 점심을 들라고 여행객들에게 권했다.

함께 타고 가던 승객들, 일본인, 조선인, 중국인들은 담배를 많이 피웠다. 그들은 곧 싸 가지고 온 음식을 펼치고 종이를 무심히 바닥에 던져버렸다. 그러나 머지않아 사환 아이가 나타나 먼지를 일으키며 종잇조각, 과일 껍질, 담배꽁초 등을 말끔히 쓸어냈다.

고려의 옛 도읍지 송도[35] 부근을 지날 때는 참호와 비슷하게 생긴 독특한 모양의 차광막이 다시 한 번 눈에 들어왔다. 차광막 안의 밭은 고랑으로 분리되어 있었고 밭마다 32개의 삼 또는 '장수의 영약'인 인삼뿌리를 공들여 재배하고 있었다. 내 친구이자 옛날 공부를 한 유명 학자였던 김봉제 선생님은 십여 가지가 넘는 설화와 동화를 내게 들려준 적이 있었다. 그 모든 설화의 소재가 이 인삼뿌리였다. 현재도 노란색 삼 뿌리는 중국과 일본에서 마력을 발휘하고 있으며 결코 무시하지 못할 수출 상품이다. 재배한 인삼도

---

35 송도(松都) : 개성의 옛 이름.

비싸지만 야생의 인삼뿌리는 그야말로 어마어마한 액수를 지불해야 하기 때문이다.

조선 북서쪽에 있는 평양은 역사적으로 기념비적인 가장 오래된 도시이다. 북쪽 지방에 있던 조선 최초의 국가 '고조선'의 수도였던 평양이 도시의 지붕들 위로 솟아 있는 독특한 성문을 멀리서부터 드러내며 내게 인사를 건넸다. 평양이란 이름은 '평화의 언덕'을 뜻하지만, 이 도시는 여러 번이나 살벌한 전투의 중심지였고 옛날에는 몇 번이고 적군에게 포위되어 방화와 약탈을 당했다. 지금 벌어지고 있는 전쟁에서는 어떻게 살아남을까?

이곳에서 조선인 노인 몇 명이 기차에 올라탔다. 곧 대화가 시작되어 이야기를 나누던 중에 나는 그 중 한 부부의 나이가 놀랍게도 95세와 102세라는 말을 들었다. 내가 놀랐다고는 했지만 사실 그것은 딱히 정확한 말은 아니다. 여러 해를 살면서 나는 90세가 훨씬 넘는 조선인들을 많이 보았고 100세를 넘긴 사람도 여럿 보았기 때문이다. 이 나라 사람들은 장수를 인삼뿌리를 먹은 덕으로 돌리지만, 나는 건강에 좋은 조선반도의 날씨 때문이라고 생각하고 싶다. 겨울 어느 날의 기온 차이가 섭씨 60-70도까지 벌어지는 것을 경험하기는 했지만 ─새벽에는 영하 30도에서 35도까지 내려갔다가 낮에는 영상 35도까지 올라갔다─ 건조한 겨울 추위는 건강에 좋았다. 단지 여름에 닥치는 계절풍과 우기만이 괴로 웠을 뿐이다. 여름에 앓는 대부분의 질병은 수박을 너무 많이 먹 은 탓이다. 늦여름에 여행을 할 때에도 나는 수없이 많은 들판에 작은 원두막이 있는 것을 보았다. 원두막은 수박밭에 도둑이 드는 것을 막으려고 밤낮으로 망을 보아야 하는 사람을 위해 지은 오 두막이다. 옛날에는 아주 하찮은 도둑질을 한 사람도 모두 사형에 처해졌지만 지금은 경찰이 전보다 너그러워진 듯하다.

평양이라는 낱말은 조선어 이름을 로마자로 표기할 때의 어려 움을 잘 보여준다. 유명 지리학자인 H. 라우텐자흐는 그의 탁월한 저서 『코레아』에서 각 나라 말의 라틴어 표기를 50여 가지 정리해 놓았다. 한자 평(p'yŏng, '평화')과 양(yang, 흙언덕)의 조선식 발음 은 참으로 특이하다. 중간에 들어간 y로 인해 개구음 O가 E로 바 뀌어 P'yengyang처럼 들린다. 또 모음 뒤에 i가 나오면 그 모음 은 변모음(ä, ö, ü)이 되지만, 모음 e는 ŏ와 i의 결합으로 생겨나므 로 마찬가지로 변모음이 되는 것도 조선말 표기의 특징이다. 그러 나 앞에 나오는 i(y)가 뒤따르는 모음 O를 변화시키는 사례는 다 른 언어에서 별로 찾아보기 힘들다. 이상은 조선말의 특징을 보여 주는 작은 사례로 언급했다.

의주와 신의주에 도착하면서 우리가 탄 기차는 국경을 흐르는 장대한 강 얄루를 지났다. 조선인들은 이 강을 '초록빛 오리 강'이라는 뜻을 가진 압록강이라고 부른다. '암녹'(쓸 때는 '압녹'으로 적는다)도 퉁구스-만주어 낱말의 조선식 표기일 것이다.

조선이 250여 년 간 바깥 세계와 단절되어 있는 동안(1630-1885) 이 강과 사람의 손길이 닿지 않은 백두산 그리고 동쪽으로 흐르는 두만강은 자연적인 국경을 형성했다.

귀국하면서 나는 고향으로 직행하지 않고 몇 주일에 걸쳐 포트아서[36], 다구(大沽), 톈진(天津), 베이핑(北平)[37], 장자커우(張家口), 쓰난(思南), 카이펑(開封), 난징(南京)을 방문했다. 톈진과 베이핑과 난징에 있는 대학들에서는 초청 강연을 하였는데 강연 내용(영어로 강연해야 했다)을 한자로 설명할 수 있어서 기뻤다.

베이핑에서는 아쉽게도 비바람에 상한 천단(天壇)과 기년전(祈年殿), 황제가 겨울과 여름을 보낸 궁과 거기에 있는 귀중한 예술품들에서 잊지 못할 인상을 받았고, 불교 사찰과 유교 사당들도 풍성한 지식을 전해주었다.

문화적인 면에서, 특히 미술사적으로 흥미로웠던 것은 건축물

---

36 포트아서(Port Arthur) : 현재의 뤼순(旅順). 중국 랴오둥 반도의 항구도시로 지금은 다롄과 통합되어 있다. 포트아서는 식민 시대에 러시아가 붙인 이름이다.
37 베이징의 옛 이름.

만이 아니라 여러 도시의 박물관이었다. 그곳들은 내게 다시 중국 문화와 조선 문화를 비교해 보는 기회를 주었고 조선 민족이 고유의 독자적인 문화를 만들어냈다는 인식을 다시 강하게 확인시켜 주었다.

일본 증기선을 타고 가면서 나는 다시 한 번 동아시아의 진주였던 칭다오에 들렀고 다롄을 거쳐 무크덴으로 향했다. 만주인들의 무덤을 방문한 일은 두고두고 내 기억에 남을 것이다.

하얼빈, 치치하얼, 치타, 이르쿠츠크, 크라노야르스크, 노보니콜라예프스크[38], 페트로파블롭스크 그리고 우랄 산맥을 거쳐 모스크바로 가는 긴 여정에도 불구하고 시베리아 횡단 열차를 타고 가는 여행은 전혀 단조롭지 않았다. 오히려 나는 뱃길 여행을 마다하고 이 여행 노선을 직접 선택했다. 몽골과 시베리아의 민족 유형을 연구하는 것이 내게는 무척 흥미로웠다. 더구나 이 두 민족의 조상이 과거에 어떤 식으로든 조선과 관련이 있었을 것이기에 더욱 그러했다.

일주일을 머물렀던 모스크바에서는 여러 곳의 박물관이 나를 사로잡았으며, 특히 크렘린 궁전, 역사박물관, 파르파라(도자기)박

---

38 1925년에 노보시비르스크로 개칭했다.

물관이 매력적이었다. 러시아 남부 지방에서 발견된 일련의 석기와 옛 도자기들이 형태와 장식에서 조선의 것들과 완전히 일치한다는 것은 나에게 더없이 소중한 발견이었고, 유럽과 중앙아시아와 조선 사이에 민족적인 연관성이 있고 이들이 선사시대에 인도게르만족이라는 측면에서 관련을 맺었을 것이라는 나의 추측을 확고히 해주었다.

데루루프트 사 비행기는 스몰렌스크와 리가를 거쳐 15시간의 멋진 비행 끝에 나를 쾨니히스베르크로 데려다주었다. 나는 여기에서 다시 밤 비행기를 타고 단치히를 거쳐 베를린으로 향한 뒤 마침내 뮌헨에 도착했다.

고향은 나를 다시 맞아주었다. 그러나 내 상념은 이따금씩, 특히 지금과 같은 혼란한 전쟁기에는 거의 언제나 '지극히 아름다운 나라' 조선에 머물러 있다.

옮긴이의 말

    지금으로부터 100년 전인 1909년 12월 말, 스물다섯 살 젊은 나이의 독일인 신부가 42일 간의 항해 끝에 제물포 항을 거쳐 이 땅에 들어왔다. 훗날 독일에서 한국학의 초석을 놓은 안드레 에카르트(Andre Eckardt) 신부였다. 독일 베네딕트 수도회에서 선교사로 파견된 그는 한국 땅을 밟는 순간부터 한국의 언어와 풍습에 지대한 관심을 기울였다. 한국에 체류하는 동안 그는 적극적으로 우리말을 배우고 한국의 풍속을 익혔으며, 선교 활동 외에도 한국의 문화와 역사, 미술과 음악을 연구하고 여러 권의 책을 저술하였다. 한반도뿐 아니라 간도에서도 활동한 그는 오랜 타국 생활을 끝내고 1929년에 독일로 귀국하였다. 이 책은 그가 20년간의 한국 생활을 돌아보며 쓴 회고록이자 체험기이다.

대한제국이 저물어갈 무렵 독일의 베네딕도 수도회는 선교 사업의 일환으로 서울의 백동(현재의 혜화동)에 실업학교인 숭공학교(崇工學校)와 사범학교인 숭신학교(崇信學校)를 세웠다. 에카르트는 이 두 학교에서 교사 생활을 하며 한국 체류를 시작하였다. 그는 한국과 한국인에게 커다란 애정을 갖고 한국의 역사와 문화에 심취하여 한국학 연구에 몰두하였다. 베네딕트 수도회가 함경남도 덕원으로 수도원을 옮긴 1921년부터는 이곳과 간도 지방에서 사목하였고 훗날에는 경성제국대학에서도 교편을 잡았다.

사목 활동과 교사 생활을 하는 틈틈이 그는 우리말로 물리와 화학 교과서를 저술하였고, 한국어문 관련의 책과 한국의 종교와 문화에 관한 책을 다수 집필하는 등, 여러 방면에서 학문적 연구를 병행하였다. 특히 1929년에 독일에서 발간된 『조선미술사』는 한국의 전통미를 유럽 사회에 알린 저작으로 유명하다. 에카르트는 고국으로 돌아간 뒤 본격적으로 한국학 연구에 박차를 가했다. 1931년 브라운슈바이크 대학에서 『한국의 학제』로 박사학위를 받았으며, 곧 이어 브라운슈바이크 공대 부설의 국제교육학연구소에서 한국학 강사 겸 부소장으로 재직하였다. 그는 『한국어 회화사전』, 『한국의 동화』, 『한국의 음악』, 『오동나무 아래에서』, 『인삼 뿌리』 등의 책을 저술하여 한국의 문화를 서구에 알리고자 노력하였다. 국제교육학연구소가 나치에 의해 폐쇄되자 그는 고향 뮌헨으로 돌아가 1974년에 세상을 떠날 때까지 뮌헨 대학에서 한국학 교수로서 학생들을 가르쳤다. 에카르트가 한국의 교육과 문화를 위해 이룩한 업적을 기려 대한민국 정부는 1962년 그에게 훈장을 수여하였다.

에카르트는 신부의 자격으로 한국에 왔지만 이 책에는 그의 선교나 사목 활동에 대한 이야기는 나오지 않는다. 또 일제 치하에서 한국의 정치적, 사회적 상황이 어떠했는지에 대한 기술도 없다. 에카르트가 서문에서도 밝혔듯이, 그는 제2의 고향이 된 한국이라는 나라와 한국인의 사고방식과 행동에 대해 자신이 보고 듣고 느낀 것을 독자에게 전해주고 있다. 그는 자신이 어떻게 한국말을 배웠고 한국의 풍습과 문화에는 어떤 식으로 적응해 갔는지를 한국에 대한 무한한 애정으로 기술해 놓았다. 한자를 익히기 위해 서당을 찾아가 어린 학생들과 함께 수업을 들었던 일, 한국 여성들의 고된 살림살이, 한국인들의 예의 바른 태도와 올곧은 심성, 한국인의 종교관, 강도를 만나 봉변을 당할 뻔했던 순간, 북부 지방에 나타나 주민을 괴롭히던 호랑이를 제압했던 경험 등이 흥미진진하게 그려져 있다. 특히 한국의 전통 미술과 건축과 문화유산에 대한 세밀하고 탁월한 묘사는 에카르트의 학구적인 자세와 미학적인 능력이 돋보이는 대목이라고 생각한다. 뛰어난 관찰력으로 한국인의 의식주와 풍속을 생생하게 기술한 저자의 필치 덕분에 독자는 당시 우리나라의 생활상을 마치 현재처럼 눈앞에 그려보는 경험을 하게 될 것이다.

2010년 12월 이기숙

조선, 지극히 아름다운 나라

펴낸날   초판 1쇄 2010년 12월 30일

지은이   **안드레 에카르트**
옮긴이   **이기숙**
펴낸이   **심만수**
펴낸곳   **(주)살림출판사**
출판등록 1989년 11월 1일 제9-210호

경기도 파주시 교하읍 문발리 파주출판도시 522-1
전화 **031)955-1350**   팩스 **031)955-1355**
기획 · 편집 **031)955-1396**
http://www.sallimbooks.com
book@sallimbooks.com

ISBN   978-89-522-1306-8   03910
        978-89-522-0855-2   (세트)

책임편집 **김원기**